ଦେଖାହେଲେ କହିବି

ଦେଖାହେଲେ କହିବି

ସସ୍ମିତା କର

ବ୍ଲାକ୍ ଈଗଲ୍ ବୁକ୍ସ
ଭୁବନେଶ୍ୱର, ଓଡ଼ିଶା

BLACK EAGLE BOOKS
Dublin, USA

ଦେଖାହେଲେ କହିବି / ସସ୍ମିତା କର

ବ୍ଲାକ୍ ଈଗଲ୍ ବୁକ୍ସ : ଭୁବନେଶ୍ୱର, ଓଡ଼ିଶା ● ଡବଲିନ୍, ଯୁକ୍ତରାଷ୍ଟ୍ର ଆମେରିକା

BLACK EAGLE BOOKS

USA address:
7464 Wisdom Lane
Dublin, OH 43016

India address:
E/312, Trident Galaxy, Kalinga Nagar,
Bhubaneswar-751003, Odisha, India

E-mail: info@blackeaglebooks.org
Website: www.blackeaglebooks.org

First International Edition Published by
BLACK EAGLE BOOKS, 2022

DEKHA HELE KAHIBI
by **Sasmita Kar**
Email: sasmita_kar@yahoo.co.in

Copyright © **Sasmita Kar**

All rights reserved. No part of this publication may be reproduced, stored in a retrieval system, or transmitted, in any form or by any means, electronic, mechanical, photocopying, recording or otherwise without the prior permission of the publisher.

Cover & Interior Design: Ezy's Publication

ISBN- 978-1-64560-310-8 (Paperback)

Printed in the United States of America

ଉତ୍ସର୍ଗ

ମୁଁ ଲେଖୁଥିବା କବିତା ସବୁର ଶ୍ରେୟଃ ଏକା ମୋର ନୁହେଁ । ତା'ର ସମୟରୁ ମୁହୂର୍ତ୍ତଟେ କାଢ଼ିନେଇ ମୁଁ ଲେଖେ କବିତା । ତା'ର ଭଲ ପାଇବାରୁ କାଣିଚାଏ ଉଧାର ନେଇ କବିତାକୁ ଦିଏ କୋମଳ ସ୍ପର୍ଶ । କବିତାଟେ ଲେଖିବାପରେ ସବୁଠୁ ଆଗ ତା'କୁ ନଶୁଣାଇଲେ ଅଭିମାନରେ ଫାଟିପଡ଼େ । ସେଇ ମୋର ଝିଅ ଅନ୍ୱେଷା(ଭୂମି) ହାତରେ ଏଇ ସାରସ୍ୱତ ସୁମନ ଶ୍ରଦ୍ଧାର ସହିତ ସମର୍ପିତ ।

– ମା

‘ଦେଖାହେଲେ କହିବି’ର ପ୍ରସଙ୍ଗରେ

କଥା କି କବିତା କହିପାରୁନାହିଁ। କେବେ କଥା ପାଲଟିଯାଇଛି କବିତା, କବିତା ପାଲଟିଚି କିଶଳୟ। କୋମଳ ପାଖୁଡ଼ା ମେଲି ଆବୋରି ବସିଛି ମୋ ସ୍ମୃତିର ଶତଦଳ। ସେ ସବୁରୁ ମୁକୁଳି ଯିବାକୁ ବାଟ ଖୋଜିଚି। ଫେରାଇ ଦେବାକୁ ଲହୁଲୁହାଣ ହେଇଚି। କିଛି ସ୍ମୃତି ଫେରାଇ ଦେଇଛି ସମୟକୁ ତ ଆଉ କିଛି ଆପେ ଆପେ ହଜିଯାଇଚି ସମୟର ଲତା ବିଲତାରେ।

ତଥାପି ମନଗହନର କେଉଁ ଏକ ଅଜଣା ବିନ୍ଦୁରେ ଘୁମେଇଥିବା ଦୂର ଆକାଶର ନିଃସଙ୍ଗ ତରାଟିଏ ହେଇ ଦିକ୍‌ଦିକ୍ କରୁଥାଏ କିଛି କଥା, ବେଦନା ଓ ବ୍ୟଥା। କେତେବେଳେ ସେ ବେଦନା ବର୍ଷା ହେଇ ଝରିଝରି ଯାଏ ରାଣୀର ଓଢ଼ଣୀରେ (ରାଣୀର ଓଢ଼ଣୀରେ ବର୍ଷା) ତ ଆଉ କେବେ ରୁନ୍ଧି ହୋଇଯାଏ ପରୀର ଅଧାଲେଖା ଭାଗ୍ୟରେ (ମଧୁବାବୁ ସଙ୍ଗେ ଲଢ଼ିବି)। ପୁଣି କେବେ ସେ ବ୍ୟଥା ପାଲଟିଯାଏ ରାକ୍ଷସୀ ସୂର୍ପଣଖାର ଛଳଛଳ ପ୍ରେମର ନୈବେଦ୍ୟ (ଯୁଗେ ଯୁଗେ ସୂର୍ପଣଖା) ତ ଆଉ କେବେ ମହାପରାକ୍ରମୀ ମହିଷାସୁରର ଆହତ ଅଭିମାନ (ମହିଷାସୁର)। କେବେ ‘ବିଶ୍ୱାବସୁର ଦିଅଁ’ ସାଜି କବିତା ଉଚ୍ଛୁଳାଇଦିଏ ଭକ୍ତିର ପ୍ଲାବନ। କେବେ ପୁଣି ସାଧାରଣ ମଣିଷର ଅତି ସାଧାରଣ କଥା ପରି ମୋ କବିତା ସୃଷ୍ଟି କରେ ‘ସବା ପଛ ମଣିଷ’ ଅବା ‘ନିଃସଙ୍ଗ ଜୀବନ’।

ଜୀବନ ପ୍ରବାହର ସେଇ ସାଧାରଣ ଘଟଣାମାନେ କେବେକେବେ ପାଲଟିଯାଆନ୍ତି ମୋର ସମଗ୍ର ପୃଥିବୀ, ଘେରିଯାଆନ୍ତି ମୋର ଚିନ୍ତା ଓ ଚେତନା - ଯାହାକୁ ପାଥେୟ କରି ପ୍ରସ୍ତୁତ ହୁଏ 'ଦେଖାହେଲେ କହିବି'ର ପୃଷ୍ଠଭୂମି। ପରବର୍ତ୍ତୀ ସମୟରେ ତା'ର ବ୍ୟାପ୍ତି ବିସ୍ତାରିତ ହୁଏ ଭିନ୍ନ ଦିଗନ୍ତକୁ।

'ଦେଖାହେଲେ କହିବି'ର ସାଧାରଣ ଚରିତ୍ରମାନଙ୍କ ପରି ମୁଁ ବି ଗୋଟେ ସାଧାରଣ ମଣିଷ। ପିଲାଙ୍କୁ ପାଠ ପଢ଼ାଏ। ଗୋଟିଏ ସାଧାରଣ ଶିକ୍ଷକର ପୁଣି କ'ଣ ଏମିତି ଅସାଧାରଣ କଥା ଥାଏ ଯେ କିଏ ଦେଖା କରିବାକୁ ଆସିବ? କଥା ଶୁଣିବାକୁ ଚାହିଁବ? ତଥାପି ଏଇ କବିତା ପୁସ୍ତକକୁ ପ୍ରକାଶ କରିବାରେ ଅତୁଟ ଆଗ୍ରହ ଓ ଆନ୍ତରିକତା ଦେଖାଇ ପାଠକ ସମ୍ମୁଖରେ ଉପସ୍ଥାପନା କରିଥିବାରୁ ମୋର ହାର୍ଦ୍ଦିକ କୃତଜ୍ଞତା ଜଣାଉଛି 'ବ୍ଲାକ୍ ଇଗଲ୍ ବୁକ୍‌ସ'ର ପ୍ରତିଷ୍ଠାପକ ଶ୍ରୀଯୁକ୍ତ ସତ୍ୟ ପଟ୍ଟନାୟକଙ୍କୁ।

କବିତା ସଂଶୋଧନରୁ ଆରମ୍ଭ କରି ପୁସ୍ତକଟିର ନାମକରଣ ପର୍ଯ୍ୟନ୍ତ ସମସ୍ତ କାର୍ଯ୍ୟରେ ମୋତେ ଅକୁଣ୍ଠ ସହଯୋଗର ହାତ ବଢ଼ାଇଛନ୍ତି ମୋର ପରମବାନ୍ଧବୀ ତଥା ରମାଦେବୀ ମହିଳା ବିଶ୍ୱବିଦ୍ୟାଳୟର ଓଡ଼ିଆ ବିଭାଗ ମୁଖ୍ୟା, ସୁସାହିତ୍ୟିକା ଡ. ସଂଘମିତ୍ରା ଭଞ୍ଜ। କବିତା ସମୂହ ଉପରେ ଅଗ୍ରଲେଖ ଲେଖି ଯାବତୀୟ ପାଠକୀୟ ଚିନ୍ତନକୁ ଉଦ୍ଦୀପ୍ତ କରାଇବାର ସାଧୁପ୍ରୟାସ କରିଥିବାରୁ ସେ ସର୍ବଦା ଧନ୍ୟବାଦାର୍ହ।

ମୋର କ୍ଷଣିକ ଆବେଗକୁ ଶବ୍ଦ ଓ କବିତାରେ ସଜାଇବାରେ କେତେଦୂର ସଫଳ ହୋଇଛି ମୁଁ ଜାଣେନା। ତଥାପି ମୋର ଏହି ପ୍ରୟାସରେ ଯେଉଁ ଶୁଭେଚ୍ଛୁମାନେ ପ୍ରେରଣା ପ୍ରଦାନ କରିଛନ୍ତି ସେ ସମସ୍ତଙ୍କୁ ଆନ୍ତରିକ ଧନ୍ୟବାଦ।

- ସସ୍ମିତା କର

ଆଗାମୀ ସମୟର ନୀଡ଼ ରଚୁଥିବା କବି ସସ୍ମିତା କରଙ୍କ 'ଦେଖାହେଲେ କହିବି'

ସଂସାରର ପ୍ରତ୍ୟେକଟି ଦୃଶ୍ୟକୁ ନେଇ କବି ଅନ୍ତର୍ମନରେ ପୁନଃ ପ୍ରତିଷ୍ଠା ଦିଏ ଏବଂ ଭାବାବେଗପ୍ରସୂତ କୋଣାର୍କଟିଏ ଜୀବନ୍ତ ହୁଏ। କବିର ସଂବେଗ ଏବଂ ସଂବେଦୀ ଦୃଷ୍ଟିର ମୌଳିକତା କବିଚେତନାର ସ୍ୱାତନ୍ତ୍ର୍ୟ ଉପରେ ନିର୍ଭର କରେ। ଯେଉଁ କବି ସ୍ୱ-ଭାବ, ଚିନ୍ତନ, ବିଚାର ଓ ଦର୍ଶନରେ ଯେତିକି ବ୍ୟତିକ୍ରମ ତା'ର କାବ୍ୟିକ ଉପସ୍ଥାପନା ସେତିକି ପ୍ରଭାବଶାଳୀ। ସାମ୍ପ୍ରତିକ ସମୟରେ ସାହିତ୍ୟର ପରିସର ବିବିଧ ସାରସ୍ୱତ ବର୍ଣ୍ଣବୋଧକୁ ନେଇ ପରିପୁଷ୍ଟ ହୋଇଛି। କବିତା, ସେଇ ସାରସ୍ୱତ ବର୍ଣ୍ଣବୋଧର ଏକ ସ୍ୱତଃସ୍ଫୁର୍ତ୍ତ ପ୍ରବାହ। ନିଭୃତ ମୁହୂର୍ତ୍ତରେ ବ୍ୟକ୍ତିକ ଅବବୋଧ ଓ ଉପଲବ୍ଧିର ମାର୍ମିକ ଉଚ୍ଚାରଣ ପାଲଟିଛି କବିତା।

ଡ. ସସ୍ମିତା କର ବୃତ୍ତିରେ ଶିକ୍ଷାବିଭାଗର ଅଧ୍ୟାପିକା, ମାତ୍ର ଆତ୍ମାରେ ଜଣେ ଛଳଛଳ କବିଟିଏ। କବିତା ଲେଖିବା ପାଇଁ ତାଙ୍କୁ ହୁଏତ ଶବ୍ଦଯୋଡ଼ି, ଭାବକୁ ଖଞ୍ଜିବାକୁ ହୋଇ ନ ଥିବ କାରଣ, ତାଙ୍କ ଅକୃତ୍ରିମ ଅଭିବ୍ୟକ୍ତି ଏତେ ସ୍ୱାଭାବିକ-ସହଜ ଏବଂ ସରଳ ଯେ, କବିତାର ଶବ୍ଦସବୁ ତାଙ୍କୁ ଆସି ଧରାଦେଇଥିବେ ବୋଲି ଭାବୁଛି। ଶିକ୍ଷାତ୍ମକ ସଂସ୍କାର ତାଙ୍କ କବିତାର ଅନ୍ତଃସ୍ୱରକୁ ପ୍ରଭାବିତ କରିଛି କିନ୍ତୁ। ଜୀବନର ବିବିଧ ପର୍ଯ୍ୟାୟରେ ସେ ଅନୁଭବିଥିବା ଚିତ୍ର, ଚରିତ୍ର ଓ ଚେତନାକୁ ସେ ତାଙ୍କ କବିତାଗୁଡ଼ିକରେ ଅତି ସୁନ୍ଦର ଭାବରେ ଅଭିବ୍ୟକ୍ତ କରିଛନ୍ତି। ଯେତେବେଳେ କୌଣସି

ଚରିତ୍ର ମନେପଡ଼ିଛି, ତା'ରି ଭିତରେ ନିମଗ୍ନ ତାଙ୍କ କବିପ୍ରାଣ ସେହି ଚରିତ୍ରର ଦୁଃଖ-ଆବେଗକୁ ଅନୁଭବ କରିବସିଛି।

ଡ. ସସ୍ମିତା କରଙ୍କ 'ଦେଖା ହେଲେ କହିବି' କବିତା ସଂକଳନସ୍ଥ ୫୦ଟି କବିତାରେ ଜୀବନାନୁଭବର ସୂକ୍ଷ୍ମ ଉପସ୍ଥାପନା ରହିଛି। ଜୀବନ ସମସ୍ତଙ୍କୁ ସୁନ୍ଦର ଦିଶେ କିନ୍ତୁ "କାହା ପାଇଁ ପ୍ରତୀକ୍ଷିତ ମୁହୂର୍ତ୍ତଟେ ଜିଇଁଯିବା କ'ଣ ସହଜ କଥା" ବୋଲି କବି ପ୍ରଶ୍ନାୟିତ ହୋଇଛନ୍ତି। ତାଙ୍କ କବିତାର ବଳୟକୁ ପ୍ରଭାବିତ କରିଛନ୍ତି ଆମ୍ରପଲ୍ଲୀ, ଝିଅ, ପରୀ, ରାଣୀ, ବାରଙ୍ଗନା, ସୂର୍ପଣଖା, ମଧୁବାବୁ, ସୁଦାମା, ବିଶ୍ୱାବସୁ, ଗୁରୁ ମହିଷାସୁର, ଶିଖଣ୍ଡୀ, ବିଶୁ ମହରଣା, ଯୋଗୀ, ଈଶ୍ୱର, ସବାପଛ ମଣିଷ ପ୍ରମୁଖ। ପୁଣି ମଧ୍ୟ ତାଙ୍କ କବିତା ସ୍ୱର ତୋଳିଛି ସତ୍ୟାଗ୍ରହ, ନିଃସର୍ତ୍ତ, ମହାଯାତ୍ରା, କେଶବ କୋଇଲି, ରଥ ନନ୍ଦିଘୋଷ, ଅଶ୍ୱମେଧ ଘୋଡ଼ା, ପୁଲଓ୍ୱାମାରୁ କହୁଛି, କାଠଗଡ଼ାରେ ଈଶ୍ୱର, ରାତି ପାହିଲା ଆଗରୁ ଗାଇଥିବା ଗୀତ, କବିର ମୃତ୍ୟୁ, ନିଃସଙ୍ଗ ଉପବନ, ଅସ୍ତରାଗର ସୂର୍ଯ୍ୟ, ବେସୁରା ସାହାନାଇ, ଅଦିନ ମେଘ, ଯୋଡ଼ ହସ୍ତେ ପ୍ରକୃତି, ମହାକାଳର ଶେଷ ଅର୍ଘ୍ୟ, ସ୍ୱପ୍ନ କାଶତଣ୍ଡୀ, ତ୍ରିଶଙ୍କୁର ସ୍ୱର୍ଗ ପାଇଁ।

'ଦେଖାହେଲେ କହିବି' କବିତା ପୁସ୍ତକରେ ଡ. କରଙ୍କ କବିତାର ତ୍ରିବିଧ ପର୍ଯ୍ୟାୟ ଅନୁଭୂତ ହୁଏ।

୧. ପୁରାକଳ୍ପ - ଆଦିବିମ୍ବାଶ୍ରୟୀ / ୨. ପ୍ରତୀକାଶ୍ରୟୀ / ୩. ବ୍ୟକ୍ତିଗତ ଆବେଗାଶ୍ରୟୀ

ପ୍ରଥମ ପର୍ଯ୍ୟାୟରେ ପୁରାଣ କିମ୍ବଦନ୍ତୀରୁ ଆହୃତ ଅନେକ ମିଥ୍‌ର ଆଶ୍ରୟରେ ତାଙ୍କର କବିତାଗୁଡ଼ିକ ତାଙ୍କ ଚିନ୍ତନର ଅପୂର୍ବ ଉଦ୍‌ଭାସ ସୃଷ୍ଟି କରିବାରେ ସମର୍ଥ ହୋଇଛି। ପ୍ରତୀକାତ୍ମକ ଶୈଳୀରେ ଅସଂଖ୍ୟ ମୂଲ୍ୟବୋଧକୁ ପ୍ରତିଷ୍ଠା ଦେବାର ପର୍ଯ୍ୟାୟ ମଧ୍ୟ ତାଙ୍କ କବିତାଗୁଡ଼ିକରେ ସଂଯୋଜିତ ହୋଇଛି। ଦେଖାହେଲେ କହିବି ସେକଥା, ଛାଡ଼ିଆସିଥିବା ଜହ୍ନରାତି, ତୋ କଥା ମନେ ନାହିଁ, ଆତ୍ମହତ୍ୟା, କବିର ମୃତ୍ୟୁ, ରାତିପାହିବା ଆଗରୁ ଗାଇଥିବା ଗୀତ, ଦେବଦାସୀ, ଅସମାହିତ, ତଥାପି ମରିନାହିଁ, ଫେରାଇଦେବି ଉଧାର, ସ୍ୱପ୍ନ କାଶତଣ୍ଡୀ, ପାଗଳପ୍ରୟାସ, ସେଇ ଝିଅଟି, ଦେଖାହେଲେ କହିବି ସେ କଥା, ପୁଣିଥରେ ତାଳପଦେଶ୍ୱରୀ, ଅସମାହିତ ଇତ୍ୟାଦିରେ ତାଙ୍କ ବ୍ୟକ୍ତିଗତ ଅନୁଭବର ମୂର୍ଚ୍ଛନା ରହିଛି। 'ଆମ୍ରପଲ୍ଲୀ' କବି ସସ୍ମିତାଙ୍କ ଦୃଷ୍ଟିରେ ଏକ ଶକ୍ତି ଉତ୍ସ। ଯେ ପରବର୍ତ୍ତୀ ଜନ୍ମରେ ନାରୀରୁ ଈଶ୍ୱରୀ ପାଲଟିଥିବା କଥା ସେ ବିଶ୍ୱାସ କରନ୍ତି। ହୁଏତ ସମୟ ସ୍ରୋତରେ ଜନ୍ମପରେ ଜନ୍ମ ନେଇ ଶବରୀ, ପୁତନା, ବାରନାରୀର ଜୀବନ ବଞ୍ଚିଥିବେ ଏବଂ ଭଗବାନ ବୁଦ୍ଧ, କୃଷ୍ଣ, ଯୀଶୁ ବିଷ୍ଣୁଙ୍କ ପରି ଅବତାରୀ ହୋଇଥିବେ। କବି ସସ୍ମିତାଙ୍କ ପାଇଁ ଝିଅଟିଏ ସତେଯେପରି ନୀଳିମ

ଆକାଶର ଉଜ୍ଜ୍ୱଳ ନକ୍ଷତ୍ର, ଫଗୁଣର ମଳୟ, ପ୍ରେମରପାଚେରୀ, ନାଲିଆ ମୁରୁଜ ପୁଣି ରଙ୍ଗର କୁହୁକ ମନେ ହୋଇଛି। 'ପରୀ'ର ଆର୍କିଟାଇପ୍ ମାଧ୍ୟମରେ ଏଯାବତ୍ ମଧ୍ୟ ଗାଁ ଗହଳିରେ ରହି ଜୀବନର ଅନେକ ରଙ୍ଗରୁ ବଞ୍ଚିତ ଥିବା ଝିଅଙ୍କ ପ୍ରତି କବିଙ୍କ ସମ୍ବେଦନା ଝରିପଡ଼ିଛି।

ମଲାପରେ ବି ମଶାଣିରେ ଘାସଫୁଲ ଅବା ଶୀତରେ କାକର ପୁଣି କବିତାର ଶେଷଧାଡ଼ି ହୋଇ ପ୍ରେମଫଲଗୁ ସାଜିବାକୁ କବି ଇଚ୍ଛା ରଖନ୍ତି।

ଯେଉଁଠି କବି କହିଛନ୍ତି -

"କାହାଣୀ ଅଧାରେ
ଏମିତି କେବେବି
ଘୁମେଇ ପଡୁନଥିବା
ପରୀର ଆଖିରେ
ହଜାରେ ବର୍ଷର ନିଦ
ସଫେଦ୍ କାଗଜ ପୃଷ୍ଠାରେ
ଲେଖିଦେଇ ସମୟର
ବିକଳ ଅସ୍ତିତ୍ୱ,
ପରୀ ପାଲଟିଯାଇଚି
ହଳଦିଆ ଘାସଫୁଲ -
ଅବା ଅସୀମ ଶୂନ୍ୟତାର ଝୁଲ।

(ପରୀ ରାଇଜର କଥା, ପୃ.୨୮)

ଝିଅମାନଙ୍କ ପ୍ରତି କବି ଅତି ସହୃଦୟ। 'ରାଣୀର ଓଢ଼ଣୀ ଦେଇ ବର୍ଷା' କବିତାରେ ରାଣୀ ଭିତରେ ସମଗ୍ର ନାରୀ ସଂପ୍ରଦାୟକୁ ଦେଖିଛନ୍ତି କବି। ଜୀବନର ଘାତ-ପ୍ରତିଘାତ ମଧ୍ୟଦେଇ କୁଳୁକୁଳୁ ନଈପରି ଝିଅମାନେ ହଠାତ୍ ଶୁଖିଯାଇଥା'ନ୍ତି ବୋଲି କବିଙ୍କ ମତ। କୁଳବୃଦ୍ଧ ମଧୁସୂଦନଙ୍କ ବ୍ୟକ୍ତିତ୍ୱ ବର୍ତ୍ତମାନ ସମୟ ପାଇଁ କୌଣସି ବ୍ୟକ୍ତିସତ୍ତାକୁ ବୁଝାଉନାହିଁ ବରଂ ସେ ପ୍ରତି ସ୍ୱାଭିମାନୀ ଓଡ଼ିଆର ଅସ୍ମିତାର ଉତ୍ସ ପାଲଟିଯାଇଥିବାର ପ୍ରସଙ୍ଗ ରହିଛି 'ମଧୁବାବୁ ସଙ୍ଗେ ଲଢ଼ିବି' କବିତାରେ। ରାକ୍ଷସୀର ଚିରନ୍ତନୀ ପ୍ରବୃତ୍ତି ମଧ୍ୟରେ ନାରୀର କୁମାରୀତ୍ୱ ଓ ଯୌବନର ଉଚ୍ଛାଟକୁ ଅନୁଭବ କରିଛନ୍ତି କବି 'ଯୁଗେଯୁଗେ ସୂର୍ପଣଖା' କବିତାରେ। ରାକ୍ଷସୀ ହୋଇ ଜନ୍ମ ହେବାର ଦୁର୍ଭାଗ୍ୟ ପ୍ରତି କବି ସମ୍ବେଦନା ପ୍ରକାଶ କରିଛନ୍ତି। ରାମଙ୍କ ପ୍ରତି ନିବିଡ଼ ଭଲପାଇବା ଏବଂ ପ୍ରେମହେତୁ ସେ ନାକ-କାନ ହରାଇବାର ବିଡ଼ମ୍ବନା

ଭୋଗିଥିଲା ବୋଲି କବି ତା'ପ୍ରତି ସହୃଦୟା ହୋଇପଡ଼ିଛନ୍ତି। ସୂର୍ପଣଖା ତରଫରୁ କବିଙ୍କ ପ୍ରଶ୍ନ ଏ ସଂସାରକୁ ?

"ଶୁଣିଥିଲି ପ୍ରେମଶବ୍ଦ
ସବୁଠୁ ମହତ
ଏଇ ପୃଥିବୀରେ
କେଉଁଠି ରହିଲା ଭୁଲ୍
ତୁମ ପାଶେ କରିବାରେ
ପ୍ରେମ ନିବେଦନ ?" (ଯୁଗେଯୁଗେ ସୂର୍ପଣଖା, ପୃ.୪୦)

ବାରାଙ୍ଗନାର ନିକୃଷ୍ଟ ଜୀବନକୁ କବି ଅତି ମାର୍ମିକ ରୂପ ପ୍ରଦାନ କରିଛନ୍ତି 'ଗୋଟିଏ ବେଶ୍ୟାର ଇତିବୃତ୍ତ' କବିତାରେ। ଅତି ଚମତ୍କାର ଭାବରେ ବାରାଙ୍ଗନାର ଅନୁଭବକୁ ଉକ୍ତି ଢଙ୍ଗରେ କବି କହିଛନ୍ତି -

"ମୁଁ ବାରମ୍ବାର
ସ୍ୱପ୍ନ ଦେଖୁଥାଏ
ନିଜକୁ ପଳପର ହାରିନେଇ
ଜିତିବାର ସୁଖରେ
ମୋ ଦେହକୁ ଲୀନ କରି
ବିଦେହୀରେ ବିଲୀନ ହେବାର ବିଶ୍ୱାସରେ
ବିହ୍ୱଳ ବିଭୋର
ମୁଁ ସାରା ରାତି ବେଶ୍ୟା
ଆଉ ଦିନ ମାନ
ପ୍ରେମିକା ପାଲଟିଯାଏ।"
(ଗୋଟିଏ ବେଶ୍ୟାର ଇତିବୃତ୍ତ, ପୃ.୩୮)

ସୁଦାମାର ସ୍ୱାଭିମାନର ଆବେଗ ରହିଛି 'ସୁଦାମାର ଇତିବୃତ୍ତ' କବିତାରେ। ପରସ୍ତ ପରସ୍ତ ମାଟିରେ ନିଜ ସ୍ନେହ-ସୋହାଗର ପୁଟ ଦେଇ ଦିଅଁ ଗଢୁଥିବା ଉତ୍କଳ ଶିଳ୍ପୀ ବିଶ୍ୱାବସୁର କଥା ରହିଛି 'ବିଶ୍ୱାବସୁର ଦିଅଁ' କବିତାରେ। ଏକଲବ୍ୟର ଗୁରୁଦକ୍ଷିଣା, ପାର୍ବଣ ଋତୁରେ ମହିଷାସୁରର ଆସୁରୀ ପ୍ରବୃତ୍ତିର ପୁର୍ନସ୍ମରଣ, ମହାଭାରତର ମହାସଂଗ୍ରାମରେ ଶିଖଣ୍ଡୀର ଆହୂତି, କୋଣାର୍କ ମନ୍ଦିରର ଉତ୍ସର୍ଗୀକୃତ କାରିଗର ବିଶୁ ମହାରଣାକୁ ମହତ୍ତ୍ୱ ଦେଇ କବି ଡ. ସସ୍ମିତା ମହାନ୍ତି ଖୁବ୍ ସୁନ୍ଦର ଆର୍କିଟାଇପ୍ ତଥା ପୁରାକଳ୍ପଧର୍ମୀ କବିତା ଗଢ଼ିଛନ୍ତି। 'କିଏ ଜଣେ ଥାଏ' କବିତାରେ ଅଦୃଶ୍ୟ ସତ୍ତାକୁ

ଜୀବନ ସଂଘର୍ଷ ପଥରେ ଅନୁଭବ କରିଛନ୍ତି ସେ।

ସେ ଅନୁଭବ କରିଛନ୍ତି - କିଏ ଜଣେ / କେଉଁଠି ତ ଅଛି
ମୃଗନାଭି କସ୍ତୁରୀକୁ / ଖୋଜୁ ଖୋଜୁ
ହଜିଗଲେ ତମାଳବଣରେ
ଜୁକୁଜୁକୁ ତରାଟିଏ ହେଇ
କିଏ ମତେ ଅହରହ / ରାସ୍ତା ଦେଖଉଚି।
(କିଏ ଜଣେ ଥାଏ, ପୃ.୬୦)

ପ୍ରେମର ବୀଜମନ୍ତ୍ର ଧାରଣ କରିଥିବା କବି ସସ୍ମିତା ନିଃସର୍ତ୍ତ ପ୍ରେମ ବାଣ୍ଟିଛନ୍ତି। ସାରା ସଂସାରକୁ ନିଜ ଝୁଲାମୁଣିରେ ଭର୍ତ୍ତି କରି ବିଳାପ ରାଗିଣୀ ତୋଳୁଥିବା ନିର୍ମୋହୀ ଯୋଗୀ ପ୍ରତି ସମ୍ମାନ ଜଣାଇଛନ୍ତି। ଧରାଧାମରୁ ବିଦାୟ ନେଇଯିବାର 'ମହାଯାତ୍ରା' କରିବାକୁ କବି ପ୍ରସ୍ତୁତ। ସହସ୍ର ବଇଁଶୀ ସୁରେ, ଶ୍ୟାମଳ ପଦଚିହ୍ନ ମଧ୍ୟଦେଇ ପ୍ରେମର ସଂଗୀତ ଗାନ କରୁ କରୁ କବି ସସ୍ମିତାଙ୍କ ବୈଷ୍ଣବପଣ 'କଦ୍ଧବଟ କୋରଡ଼ରେ ସାଇତା ଛଳଛଳ ପ୍ରେମର କରାଟ ଏବଂ କୋଇଲି ବୈକୁଣ୍ଠ ତଳେ ଘୁମୋଉଥିବା ନିଃସଙ୍ଗ ନକ୍ଷତ୍ର'କୁ ଭେଟିଛନ୍ତି। 'ଈଶ୍ୱର ଯେ ଅଗ୍ରପୂଜ୍ୟ' ଏବଂ 'ସକଳ ପ୍ରତିଶ୍ରୁତିର ଅନ୍ତିମ ସ୍ୱାକ୍ଷର' ବୋଲି ମଧ୍ୟ କବିଙ୍କ ଆତ୍ମବିଶ୍ୱାସ ଜାଗ୍ରତ ହୋଇଛି। ସତ୍ୟାଗ୍ରହର ସଂଜ୍ଞା ପ୍ରକାଶ କରିବାକୁ ଯାଇ କବି ସ୍ପଷ୍ଟ କହିଛନ୍ତି -

"ସତ୍ୟାଗ୍ରହ ଖାଲି ନୁହେଁ / ସତ୍ୟାଶ୍ରିତ ଗାନ୍ଧୀଙ୍କର
ଗୋଟାଏ ଈଶ୍ୱର / ସମଗ୍ର ଜୀବନ ମରଣର
ଚୌହଦୀରେ ସଜା ସତ୍ୟାଗ୍ରହ।" (ସତ୍ୟାଗ୍ରହ, ପୃ.୮୦)

'ମୁଁ ପୁଲଓ୍ୱାମାରୁ କହୁଚି' କବିତାର କବିଙ୍କର କରୁଣ ଭାବାବେଗ ସୁସ୍ପଷ୍ଟ। ଏଥିରେ ପୁଲଓ୍ୱାମାର ରାଜଦାଣ୍ଡରେ ଆତଙ୍କବାଦୀମାନଙ୍କର ଅତ୍ୟାଚାରରେ ଜୀବନ ହରାଇଥିବା ଶହୀଦମାନଙ୍କ ପରିବାରର ଦୁଃଖ ଅଭିବ୍ୟଞ୍ଜିତ ହୋଇଛି। ପାଶବିକ ଅତ୍ୟାଚାର ଶିକାର ହୋଇଥିବା ଦିଲ୍ଲୀର ନିର୍ଭୟା ପାଇଁ କବି ଈଶ୍ୱରଙ୍କୁ କାଠଗଡ଼ାରେ ଛିଡ଼ା କରାଇଛନ୍ତି ତାଙ୍କର ବାସ୍ତବବାଦୀ କବିତା 'କାଠଗଡ଼ାରେ ଈଶ୍ୱର' କବିତାରେ। କୋଇଡ଼ା ମାଟିରେ ନଗ୍ନ ଶିଶୁମାନଙ୍କ ଦୁଃଖ-ଦୁର୍ଦ୍ଦଶାକୁ କବି ରୂପାୟିତ କରିଛନ୍ତି 'ଭୋକର ଇସ୍ତାହାର' କବିତାରେ। ଜୀବନ ପ୍ରତିଯୋଗିତାରେ ସବା ପଛ ମଣିଷ ପ୍ରତି କବିଙ୍କ ସମ୍ବେଦନା ଝରିଛି 'ସବା ପଛ ମଣିଷ କବିତାରେ। ମହାମାରୀ, ଇଲେକ୍‌ସନ୍‌ର ଭୋଟ ଗଣତି ମଧ୍ୟରେ ଅଭାବୀ ମଣିଷର ଦୈନ୍ୟ ଅବସ୍ଥାର ଚିତ୍ର ରହିଛି 'ଭୋକର ଇସ୍ତାହାର' କବିତାରେ। ସରଳ ଗ୍ରାମ୍ୟ ଜୀବନ ଭିତରକୁ ଧସେଇ ପଶିଥିବା ଯାନ୍ତ୍ରିକ ସଭ୍ୟତା ପ୍ରତି

କବିଙ୍କ କ୍ଷୋଭ ପ୍ରକାଶ ପାଇଛି 'ଯୋଡ଼ହସ୍ତେ ପ୍ରକୃତି' କବିତାରେ। କବି ଯନ୍ତ୍ର ସଭ୍ୟତାର ଏ କଠୋର ଭାବ ପ୍ରତି ବୀତସ୍ପୃହ ହୋଇ କହିଛନ୍ତି -

"ମୋ ରାସ୍ତାର ନଈଧାରେ
ତୁମେ ଦିନେ ଗଢ଼ିଦେଲ
ପଥରର ସୁଉଚ୍ଚ ପ୍ରାଚୀନ
ଶାଳଭଞ୍ଜିକାର
ସୁଠାମ ଦେହରେ
ନାନା ଯନ୍ତ୍ରପାତି
କ୍ଷତ ବିକ୍ଷତ ହୋଇପଡ଼ି ରହିଲେ ଈଶ୍ୱର।"

(ଯୋଡ଼ ହସ୍ତେ ପ୍ରକୃତି, ପୃ.୧୧୦)

ପ୍ରକୃତି ପ୍ରବଣା କବି ଏହି କବିତା ଛଳରେ ମୟୂରର ନୀଳ-ବାଇଗଣି ପର, କୁଆପଥର, ନୀଳ ପ୍ରଜାପତି, ସମୁଦ୍ରର ଉତ୍ତାଳ ତରଙ୍ଗ ପୁଣି କରୋନାର କରୁଣ ଆତଙ୍କକୁ ମନେପକାଇବାକୁ ଭୁଲିନାହାନ୍ତି। ପ୍ରକୃତି ଯେତେବେଳେ ଭୟଙ୍କର ତାଣ୍ଡବ ରଚେ ସେତେବେଳେ ସଂସାର ଧ୍ୱସ୍ତବିଧ୍ୱସ୍ତ ଓ ବିପର୍ଯ୍ୟସ୍ତ ହୋଇଉଠେ। ନାରୀ ନିଜେ ପ୍ରକୃତିରୂପିଣୀ। ତେଣୁ କବି ପ୍ରତ୍ୟେକ ନାରୀ-ପ୍ରକୃତିର ଶକ୍ତିମତ୍ତା ସମ୍ପର୍କରେ କହିଛନ୍ତି-

ମୁଁ ପ୍ରକୃତି / ମୁଁ ଜନନୀ ଧରିତ୍ରୀ / ଆଉ ଯେତେ
ଲୁହ ଶୋକ / ଦୁଃଖ ଅପ୍ରମିତ / ମୁହୂର୍ତ୍ତକେ ଆଖି ଖୋଲିଦେଲେ
ସବୁ ଅସ୍ତମିତ। (ଯୋଡ଼ହସ୍ତେ ପ୍ରକୃତି, ପୃ.୧୦୬)

ମା'କୁ ମନେପକାଇ କବି ଭାବପ୍ରବଣ ହୋଇଉଠିଛନ୍ତି 'ତୋ କଥା ମନେ ନାଇଁ' କବିତାରେ। କରୋନା ମହାମାରୀକୁ 'ମହାକାଳର ଶେଷ ଅର୍ଘ୍ୟ', ଉଦାସିଆ-ଫ୍ରକ୍ ପିନ୍ଧା ଝିଅ ପାଇଁ 'ସେଇ ଝିଅଟି', ପ୍ରତି ବିଫଳତା ସତ୍ତ୍ୱେ ଗତିଶୀଳ ହେଉଥିବା ଜୀବନର ଚର୍ଚ୍ଚା ରହିଛି 'ତଥାପି ମରିନାହିଁ' କବିତାରେ। ଫନୀ ଫାଇଲିନ୍‌ରେ ଉଜୁଡ଼ି ଯାଇଥିବା କେଉଁ ମା'ର ଯନ୍ତ୍ରଣାର ବୁକୁଫଟା ସ୍ୱର ମର୍ମରିତ ହୋଇଛି 'ଫେରାଇ ଦେବି ଉଧାର' କବିତାରେ। କବିତାମନସ୍କ ଶିଳ୍ପୀପ୍ରାଣ ନିଜ ଜୀବନର ଅୟୁତ ଅବସୋସକୁ ଧାରଣ କରି ପ୍ରତୀକ୍ଷିତ ରହେ କୌଣସି ସହୃଦୟ ମଣିଷର ଆଗମନକୁ। ସେ ଆଗମନ ଜୀବନର ଶେଷ ମୁହୂର୍ତ୍ତରେ ହେଉ ନା କାହିଁକି, ସେ ଅପେକ୍ଷା କରେ କିନ୍ତୁ ନିଜ ଜୀବନର ହର୍ଷ-ଅବସାଦ-ଆହ୍ଲାଦ-ବୈଫଲ୍ୟ ଅଭିବ୍ୟକ୍ତି କରିବାକୁ। ତେଣୁ କବି ଶବ୍ଦରେ -

ଯେତେ ଯେତେ ମିଛ ଅହମିକା
ଦେହରୁ ଆଡ଼େଇ ଦେଇ

ଛଳଛଳ ବହୁଥିବ
　　　　　　　　　　　　　　　　　　ଜୀବନର ସପ୍ତସିନ୍ଧୁ ନଈ,
ନହେଲେ ଆପଣେଇ ନେଇ ଯେତେ
　　　　　　　　　　　　　　　　　　ତୁଚ୍ଛା ଅଭିମାନ
　　　　　　　　　　　　　　　　　　ଜିଇଁବାର ବ୍ୟଥା
ମନେ ଅଛି
ଦେଖାହେଲେ କହିବି ସେ କଥା ।

(ଦେଖା ହେଲେ କହିବି ସେଇକଥା, ପୃ.୧୨୩)

ମହାମୋହର ମୁଦ୍ରା, ସଂସାର ଯୁଆଳି, ସ୍ୱପ୍ନର କୁହୁକ, ପବନର ମୃଦୁ ଇସାରା, ସ୍ୱପ୍ନର ଚାଦର, ଘୁମନ୍ତ ବାଟୋଇ, ବିଶ୍ୱାସର ନଈଧାର ଇତ୍ୟାଦି ଇମେଜ୍ ମାଧ୍ୟମରେ କବିଙ୍କ କବିତା- 'ଦେଖା ହେଲେ କହିବି' ଏକ ହୃଦୟସ୍ପର୍ଶୀ କବିତା ପୁସ୍ତକ । ଏହାର ପ୍ରକାଶନ ଅବସରରେ ତାଙ୍କ କବିପଣ ଓ କାବ୍ୟିକ ଉତ୍ତରଣକୁ ଶୁଭେଚ୍ଛା-ଶ୍ରଦ୍ଧା ଓ ସମ୍ମାନ ।

- ସଂଘମିତ୍ରା ଭଞ୍ଜ
ଓଡ଼ିଆ ବିଭାଗ ମୁଖ୍ୟ,
ରମାଦେବୀ ମହିଳା ବିଶ୍ୱବିଦ୍ୟାଳୟ

ସୂଚୀପତ୍ର

ଆମ୍ରପଲ୍ଲୀ	୨୧
ଦେବଦାସୀ	୨୪
ଝିଅ ପାଇଁ କବିତାଟିଏ	୨୬
ପରୀ ରାଇଜର କଥା	୨୮
ମହାନଗରୀର ନାୟିକା	୩୧
ରାଣୀର ଓଢ଼ଣୀରେ ବର୍ଷା	୩୩
ମଧୁବାବୁ ସଙ୍ଗେ ଲଢ଼ିବି	୩୬
ଗୋଟିଏ ବେଶ୍ୟାର ଇତିବୃତ୍ତ	୩୮
ଯୁଗେ ଯୁଗେ ସୂର୍ପଣଖା	୪୦
ସୁଦାମାର ଇତିବୃତ୍ତ	୪୩
ବିଶ୍ୱାବସୁର ଦିଅଁ	୪୭
ଗୁରୁ ଦକ୍ଷିଣା	୫୦
ମହିଷାସୁର	୫୩
ଶିଖଣ୍ଡୀର ଉକ୍ତି	୫୬
ମୁଁ ବିଶୁ ମହାରଣା କହୁଛି	୫୮
କିଏ ଜଣେ ଥାଏ	୬୦
ନିଃସର୍ତ୍ତ	୬୨
ଯୋଗୀ ଗୀତ	୬୩
ମହାଯାତ୍ରା	୬୫
କେଶବ କୋଇଲି	୬୮
ରଥ ନନ୍ଦିଘୋଷ	୭୧
ଅଶ୍ୱମେଧ ଘୋଡ଼ା	୭୩
ଏ କେମିତିକା ?	୭୬
ତଥାପି ଈଶ୍ୱର	୭୮
ସତ୍ୟାଗ୍ରହ	୮୦
ମୁଁ ପୁଲୱାମାରୁ କହୁଚି	୮୨

କାଠଗଡ଼ାରେ ଈଶ୍ୱର	୮୭
ରାତି ପାହିବା ଆଗରୁ ଗାଇଥିବା ଗୀତ	୮୯
କବିର ମୃତ୍ୟୁ	୯୩
ନିଃସଙ୍ଗ ଉପବନ	୯୫
ଅସ୍ତରାଗର ସୂର୍ଯ୍ୟ	୯୭
ବେସୁରା ସାହାନାଇ	୯୯
ଆତ୍ମହତ୍ୟା	୧୦୧
ସବା ପଛ ମଣିଷ	୧୦୪
ଭୋକର ଇସ୍ତାହାର	୧୦୬
ଅଦିନ ମେଘ	୧୦୮
ଯୋଡ଼ ହସ୍ତେ ପ୍ରକୃତି	୧୧୦
ତୋ କଥା ମନେ ନାହିଁ	୧୧୪
ପାଗଳ ପ୍ରୟାସ	୧୧୬
ମହାକାଳର ଶେଷ ଅର୍ଘ୍ୟ	୧୧୮
ସେଇ ଝିଅଟି	୧୨୦
ଛାଡ଼ି ଆସିଥିବା ଜହ୍ନରାତି	୧୨୧
ଦେଖାହେଲେ କହିବି ସେ କଥା	୧୨୩
ପୁଣିଥରେ ତାଳପଦଦେଶ୍ୱରୀ	୧୨୫
ସ୍ୱପ୍ନ କାଶତଣ୍ଡୀ	୧୨୭
ଅସମାହିତ	୧୨୯
ତ୍ରିଶଙ୍କୁର ସ୍ୱର୍ଗ	୧୩୧
ତଥାପି ମରିନାହିଁ	୧୩୪
ଫେରାଇଦେବି ଉଧାର	୧୩୬
ଏକା ଏକା ଜୀବନ	୧୩୮

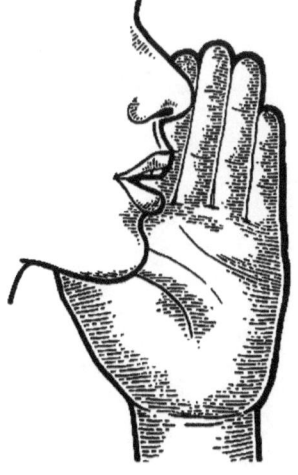

ଆମ୍ରପଲ୍ଲୀ

କାହାପାଇଁ ପ୍ରତୀକ୍ଷିତ
ମୁହୂର୍ତ୍ତଟେ ଜିଇଯିବା
କ'ଣ ସହଜ କଥା !
ଏମିତି କେତେ ପ୍ରତୀକ୍ଷାର ରାତି
ମୁଁ ଜିଇଥିବି
ଦେହକୁ ବିଭକ୍ତ କରି
ପଳପଳ ମାଂସ ମୋର
ଶେଯରେ ଲୋଟାଇଥିବି ।

କେତେଥର
ମଲାପରେ ମୁଁ ପୁଣି
ଜନ୍ମ ନେଇଥିବି
ମଶାଣିରେ ଘାସଫୁଲ
ଅବା ଶୀତରେ କାକର
ହେଇ ଝରିପଡ଼ିଥିବି
କବିତାର ଶେଷଧାଡ଼ି
ସରିଗଲା ପରେ
ମୁଁ କେବେ
ପ୍ରେମର ଫଲ୍‌ଗୁ ହେଇ
ବହିଯାଇଥିବି,
କେବେ ଆମ୍ର ମୁକୁଳରେ
କେବେ ପାହାନ୍ତି ପହରେ
ମୋ ଛବିକୁ ଦେଖି

ମୁଁ ଚମକୁଥିବି,
ତୁମର ସେ
ଯୋଗୀ ବେଶ ଦେଖି
ମୋ ସର୍ବାଙ୍ଗ
ସ୍ଥିର ହେଲା ପରେ
ମୁକ୍ତ ବିହଙ୍ଗଟେ ହେଇ
ନୀଳ ଆକାଶରେ
ଡେଣା ମେଲି
ଉଡ଼ିବୁଲୁଥିବି ।

ମନେ ନାହିଁ
ମୋର କେବେ
ଘାସ ଫୁଲ ହେବା
ଅବା ଆକାଶେ ଉଡ଼ିବା
ପ୍ରେମିକାର କାବ୍ୟ ହେଇ
ନଦୀ ପହଁରିବା
ପାହାନ୍ତିଆ ଆକାଶରେ
ତରାଟିଏ ହେଇ
ମାଟିରେ ଖସିବା
ମୋର ମନେ ନାହିଁ ।
କିନ୍ତୁ,
ତୁମର ତ ମନେଥିବ
ମୁଁ କେବେ ଯଦି
ହେଇଥିବି ଭିକାରୁଣୀ
ରାଜରାଣୀ
ପିନ୍ଧିଥିବି ପାଟପିତାମ୍ବରୀ
ସାଜିଥିବା ଦୋଚାରୁଣୀ
ନହେଲେ ପାଲଟିଥିବି
ନାରୀରୁ ଈଶ୍ୱରୀ ।

ତୁମର ତ ମନେଥିବ
ପାଷାଣ ପ୍ରତିମା ହେଇ
ମୁଁ କାଳେ ପଡ଼ିଥିବି
ବର୍ଷ ପରେ ବର୍ଷ
ଶବରୀର ରୂପ ନେଇ
ତୁମ ପାଇଁ
କାଢ଼ି ରଖିଥିବି
ବରକୋଳି
ଫୁଲର ସୁବାସ
ପୂତନା ରାକ୍ଷସୀ ହେଇ
ବୋଳି ହେଇଥିବି
ମୋ ସ୍ତନରେ ବିଷ।

ଯେଣୁ ତୁମେ ରାମ
ତୁମେ କୃଷ୍ଣ
ତୁମେ ଗୋଟେ ମୁକୁଟବିହୀନ
ପ୍ରଚ୍ଛନ୍ନ ଈଶ୍ୱର
ତୁମେ ଯୀଶୁ,
ତୁମେ ପରା ବିଷ୍ଣୁଙ୍କର
ବୁଦ୍ଧ ଅବତାର
ମୁଁ ଛାର ବାରନାରୀ
କାହୁଁ ବା ଜାଣିବି
କେତେ ଭାଗ ପାପପୁଣ୍ୟ
କେତେ କାଳ ମୋର
ସ୍ୱର୍ଗ କି ନର୍କର।

■

ଦେବଦାସୀ

ଏବେ ବି ସେମିତି ଅଛି
  ବିଶ୍ୱାସର ଗର୍ଭଗୃହ
ଅକ୍ଷତ ଅଛନ୍ତି
ନିଷ୍ପାପ ନିର୍ବେଦ ଦିଅଁ
ମୋ ପ୍ରାର୍ଥନାର ପଙ୍‌କ୍ତି
ଏବେ ବି ସଞ୍ଚରି ଯାଏ
ମୋ ଛାତିରୁ ବଡ଼ଦାଣ୍ଡ
ଧରାଶାୟୀ ନୂପୁର
ନିକ୍ୱଣ ମୋର
ଆବେଗ କି ଉଦ୍‌ବିଗ୍ନ
ନ ଥାଏ,
ଗୀତଗୋବିନ୍ଦର
ଧୂଳିଲଗା ପୃଷ୍ଠାଟିଏ
ତଥାପି ସାଇତି ରଖି
ମୁଁ ଇତଃସ୍ତତଃ ହେଉଥାଏ,
କେବେ ଯଦି
ଦେଉଳରୁ ଶୁଭିଯିବ
ମଙ୍ଗଳ ଆଳତୀ
ଘରଚଟିଆଟି ଗାଇବ
ଗୋଧୂଳି ସଂଗୀତ
ଆକାଶରେ ହସିବ
ପୁନେଇଁ ଜହ୍ନ
ପବନରେ ଉଡ଼ି ବୁଲିବ

ମୁଠାଏ ଘାସଫୁଲ
ସେଦିନ, ବିଶ୍ୱାସ କର
ମୋ ବିକ୍ଷିପ୍ତ ବେଦନାର
ଅପହଞ୍ଚ ଇଲାକାରୁ
ଅଧା କାଢ଼ିନେଇ
ମୁଁ ପୁଣି ଗଢ଼ିଦେବି
ମୋ ବିଶ୍ୱାସର
ବାଲିତୀର୍ଥ ।

ଝିଅ ପାଇଁ କବିତାଟିଏ

ଆକାଶର ନୀଳିମାରୁ
ଝରିପଡ଼ିଲା ଗୋଟେ
ଉଜ୍ଜ୍ୱଳ ନକ୍ଷତ୍ର
ଶାମୁକା ଗର୍ଭରୁ
ପୁଷ୍ୟାନକ୍ଷତ୍ର ତିଥିରେ
ଚମକି ଆସିଲା
ଗୋଟେ ମୋତି
ଫଗୁଣର ମଳୟରୁ
ସାଉଁଟି ନେଲା
ଅଝଟ ପଣ
ବର୍ଷା ଭିଜା ମାଟିରୁ ପ୍ରେମ
ସାଗରମୁହାଁ ନଈରୁ
ଛଳଛଳ ଗୀତ
ଗହନ ଅନ୍ଧାର ରାତିରୁ
ନିରୋଳା ମୁହୂର୍ତ୍ତ
ମାଟିରେ ଥାପିଲା
ଅଳତାମଖା ପାଦ
ଇନ୍ଦ୍ରଧନୁର ବର୍ଣ୍ଣାଳୀରେ
ଆଙ୍କିଲା ଶ୍ୟାମଳ ପୃଥିବୀ
ମନ ଗହନର କିଆବଣରେ
ଗଢ଼ିଲା ଏକ
ନିଟୋଳ ଦେବତା
ସ୍ମୃତିର କୋଳାହଳରୁ

ସାଉଁଟିଲା
କଥା ଓ କବିତା ।

ଜୀବନର
ସଫେଦ୍ କାନ୍‌ଭାସ୍‌ରେ
ଝିଅ ଗୋଟେ ଆଙ୍କିଲା
ଘରର ନକ୍‌ସା
ଘର ଚାରିପାଖେ
ପ୍ରେମର ପଳାଶ ପାଚେରୀ
ଘର ସାରା ମହମହ
ସ୍ୱପ୍ନର ରଙ୍ଗୋଲୀ,
ଏମିତି ଦିନେ
ଝିଅ ପାଲଟିଲା
ସପ୍ତବର୍ଣ୍ଣ ରଙ୍ଗୋଲୀର
ନାଲିଆ ମୁରୁଜ
କବିତା ଲେଖି ଲେଖି
ପାଲଟିଗଲା ଶବ୍ଦ
ରାତିର ସ୍ୱପ୍ନମୟ
ନାଲି ନେଳି ରଙ୍ଗର କୁହୁକ
ଚତୁର୍ଦ୍ଦିଗେ
ପଳାଶ ଫୁଲର ମହକ ।

■

ପରୀ ରାଇଜର କଥା

ବେଳ ଅବେଳରେ
ତୁ କହୁଥିଲୁ
ତୋ ଚିତ୍ରଖାତା
ସିଲଟ ଖଡ଼ି
ବୋହୂ ଚୋରି ଗପ
ତୁ ଡରୁଥିଲୁ
ନିଛାଟିଆ ଆମ୍ବବଣ
ନିବୁଜ ସହର,
ମୋ ଘରବାଡ଼ି
ଧାନ ଉଷାଁ
ଚୁଲୀ ଲିପା
ଷଠୀଘର
ଗାଈଗୋରୁ
ସାଉଁଟୁ ସାଉଁଟୁ
ଘୁମେଇ ପଡ଼ିଲେ
ତୁ ପଚାରୁଥିଲୁ
କହ ବୋଉ
ସେଉଠୁ କ'ଣ ହେଲା
ଅଗ୍ନାଅଗ୍ନି ବନସ୍ତରେ
ହଜିଗଲା ରଜାପୁଅ
ବାରହାତ ବେଣୀଟାକୁ
ଛାତରୁ ତଳକୁ ଝୁଲାଇ

କେଉଁଠି ଅନାଇଥାଏ
ସୁନାନାକୀ ରଜାଝିଅ ?

ଖରାବେଳ ଆମ୍ବତୋଟା
ପିଲାଙ୍କର
ଗହଳି ଚହଳି
ନିଛାଟିଆ ଗାଁ ଦାଣ୍ଡ
ସହର ଅର୍ଗଳି
ଏବେ ବି ସରିନାଇଁ
ରାତିର ସେ
ବହଳ ଅନ୍ଧାର
ତଥାପି ବି ବାକି ଅଛି
ବୁଢ଼ୀ ଅସୁରୁଣୀ
କୁହୁକ ମାଲ୍ୟାଣୀ
ସାରିବାକୁ ବାକିଅଛି
ପକ୍ଷୀରାଜ ଘୋଡ଼ାର ଉପରେ
ରଜା ପୁଅ
କମଳ ଦେଶର
ବାକି ଅଛି
ଆଉ ସବୁ କଥା ଯେତେ
ପ୍ରେମ ପ୍ରଣୟର ।

କାହାଣୀ ଅଧାରେ
ଏମିତି କେବେ ବି
ଘୁମେଇ ପଡୁ ନ ଥିବା
ପରୀର ଆଖିରେ
ହଜାରେ ବର୍ଷର ନିଦ
ସଫେଦ୍ କାଗଜ ପୃଷ୍ଠାରେ

ଲେଖିଦେଇ ସମୟର
ବିକଳ ଅସ୍ତିତ୍ୱ
ପରୀ ପାଲଟିଯାଇଚି
ହଳଦିଆ ଘାସଫୁଲ
ଅବା ଅସୀମ ଶୂନ୍ୟତାର ଝୁଲ ।

ସାରା ରାତି
ଚେଇଁ ରହୁଚି ମା'
କେବେ ଦିନେ
ପରୀ ଆସି ପଚାରିବ –
କହ ବୋଉ
ସେଉଠୁ କ'ଣ ହେଲା ?
ରାଜକୁମାରୀର
ବାରହାତ ବେଣୀରୁ
ମଲ୍ଲୀଫୁଲ କେମିତି ଖସିଲା ?

କୁଆଡ଼େ ଗଲା
ରାଜକୁମାର ?
ଏଠି ଯେ ଖାଲି ଚାରିଆଡ଼େ
ଭୁଷୁଣ୍ଡା ଅସୁର ।

ଉତ୍ତର ଖୋଜୁଥାଏ ମା
ପ୍ରଶ୍ନ ଶେଷହୁଏନା ପରୀର ।

ମହାନଗରୀର ନାୟିକା

ରାଜଧାନୀରେ ସିନେମା ଦେଖିବାକୁ
ଆସିଥିଲା ରାଣୀ
ସାଙ୍ଗରେ ଗାଁର
ଦଳେ ପୁଅ ଝିଅ
ରାଣୀ କିନ୍ତୁ ସବୁଠୁ ନିଆରା
ଗୋଲାପୀ ଶାଢ଼ି
ଆଉ ସବୁଜ ବ୍ଲାଉଜ୍‌ର
ଫେଣ୍ଟାଫେଣ୍ଟି ରଙ୍ଗରେ ଆଉଟା
ରାଣୀର ସ୍ୱପ୍ନ ଶତଦଳ
ସେ ସ୍ୱପ୍ନ କୁତୁକୁତୁ କଲେ
ରାଣୀ ଫିକ୍ କିନା ହସିଦିଏ
କଳା ବଉଦ ଫାଙ୍କରେ ଜହ୍ନଟିଏ
ସରମରେ ଲୁଚିଯାଏ ।

ଘର ବାହୁଡ଼ା ରାସ୍ତାରେ
ଘଡ଼ିଏ ବସିଯାଏ ରାଣୀ
ଝିଲ୍‌ମିଲ୍ ଆଲୁଅରେ ରୋଷଣୀରେ
ଆତୁର ବିଭୋର
ରାଣୀର ନିଷ୍ପାପ ଆଖି ।
ଆଖି ଖୋଲିଲେ
ରାଣୀ ଅଣ୍ଡାଳି ହୁଏ
ଫୁଙ୍ଗୁଳା ଦେହକୁ
ଢାଙ୍କିବାକୁ କନାଖଣ୍ଡେ ।

ଚାଳଛପର ଘରୁ
ବାହାରି ଆସି ରାଣୀ
ହଠାତ୍ ଜାଗାଟିଏ ମାଡ଼ିବସେ
ବଡ଼ ବଡ଼ ଖବର କାଗଜ
ପପୁଲାର ଟିଭି ଚ୍ୟାନେଲରେ
ରାଣୀର ହୁଏ ଗ୍ୟାଙ୍ଗରେପ୍
ସିନେମା ଦେଖିବାକୁ
ଗୋଡ଼ କାଢ଼ିଥିବା ରାଣୀ
ନିଜେ ବନିଯାଇଥାଏ
ହିଟ୍ ସିନେମାର ଚରିତ୍ର।

■

ରାଣୀର ଓଢ଼ଣୀରେ ବର୍ଷା

ବର୍ଷା ହେଉଥାଏ
ହିମାଳୟର ଶିଖରରୁ
ଗଙ୍ଗୋତ୍ରୀ ହେଇ
ଝରିଯିବା ଯାଏ
ଧାନ କ୍ଷେତ୍ରର
ଶ୍ୟାମଳ ସ୍ୱପ୍ନରୁ
ତାରାଭର୍ତ୍ତି
ବାସର ରାତିଯାଏ
ରାଣୀର ଅଗଣାରେ
ବର୍ଷା ହେଉଥାଏ ।

ମେଘର ମହ୍ଲାରରୁ
ଶବ୍ଦ ନେଇ
ରାଣୀ କବିତା ଲେଖେ
ବର୍ଷାର କାନ୍‌ଭାସ୍‌ରେ
ରଙ୍ଗ ବିରଙ୍ଗୀ
ଚିତ୍ର ଆଙ୍କେ
ଶ୍ରାବଣର ମୃଦୁ ମଳୟରେ
ଓଢ଼ଣୀଟା ଖସିଯାଏ
ଅଣନିଶ୍ୱାସୀ ହେଇ
ରାଣୀ ଧାଉଁଥାଏ
ବର୍ଷା ଏକ ଅବୁଝା ନଈ
ବାଟ ଅବାଟ ନ ମାନି

ତା ରାସ୍ତାରେ
ବହିଯାଏ ।

ଆକଟ କରେ ବୋଉ -
ମେଘ ପଛରେ
ଦଉଡ଼ିବୁ ନାହିଁ ମା'
କିଏ ଜାଣେ
କେବେ କେଉଁ
ବାଟ ଘାଟ ଭୁଲି
ତୁ ଯଦି ହଜିଯିବୁ
ଅମଡ଼ା ବାଟରେ
କିଏ ଜାଣେ
କେବେ ଯଦି ଛାଡ଼ିଯିବୁ
ଓଢ଼ଣୀଟା ତୋର
ଗାଧୁଆ ତୁଠରେ,
ଆକଟ କରେ ବୋଉ
ବର୍ଷା ଯଦି ଛୁଇଁଯିବ
ତୋ ଦିହକୁ ଥରେ
କିଏ ଜାଣେ ମନ ତୋର
ହଜିଯିବ କାଳେ
ମହମହ ରଜନୀଗନ୍ଧାରେ ।

ରାଣୀର ଝର୍କା ବାହାରେ
ଅଦିନିଆ ମେଘ
ବାଦଲ ଭିତରେ ଛପିଗଲାଣି
ବଗପକ୍ଷିଆ ଜହ୍ନ
ଖୁଦୁରୁକୁଣୀର ମେଢ଼ରେ
ଝାଉଁଳି ଗଲାଣି ନୀଳକଇଁ
କୃଷ୍ଣା ଏନ୍‌କ୍ଲେଭ୍‌ର

ମେଘନାଦ ପାଚେରୀ ଘେରା
ରାଣୀର ରୋଷେଇଶାଳ
ନା ଏଠି ଶୁଭେ କେବେ
ବର୍ଷାର ପାଉଁଜି
ନା ଏଠି ଜମେ କେବେ
 କବିତା ଆସର।

ଉଦାସ ଆକାଶ ତଳେ
ଘୁମେଇ ପଡ଼ିଚି ବର୍ଷା
ପବନରେ ଆଉ ନାହିଁ
ସ୍ୱପ୍ନ ଅଭିସାର
ନଦୀ ବି ଶିଖିଗଲାଣି ଏଥର
ଆବୋରି ନେବାକୁ କୂଳ
ଜମାରୁ ବୋଲ ମାନୁ ନ ଥିବା ଓଢ଼ଣୀକୁ
ଛାତିରେ ବେଢ଼େଇ ହୋଇ
ଜିଇବାକୁ
ରାଣୀ ବି ବେଶ୍
ଶୁଖିଗଲାଣି ଏଥର।

ମଧୁବାବୁ ସଙ୍ଗେ ଲଢ଼ିବି

ବୋଉ କହୁଥିଲା -
ବଡ଼ ହେଇ ଦିନେ
କାଳିଆ ଘୋଡ଼ାରେ ଚଢ଼ିବୁ
ମଧୁବାବୁ ସଙ୍ଗେ ଲଢ଼ିବୁ,
ପ୍ରତିଶ୍ରୁତି ଦେଉଥିଲା ପରୀ -
ଚଢ଼ିବି ବୋଉ,
ଟିକେ ଖାଲି
ପ୍ରଜାପତିର ଡେଣାରୁ
ମୁଁ ସାଉଁଟି ନିଏ
ରଙ୍ଗର କୁହୁକ
ଟୁକ୍‌ଟୁକ୍ ସାଧବ ବୋହୂର
ଲାଲିମାରୁ
ଚୋରାଇନିଏ ରଙ୍ଗ
ନୀଳ କଇଁର ପାଖୁଡ଼ାରେ
ଥରେ ଖାଲି ଲେଖିଦିଏ
ସ୍ୱପ୍ନର ମୁରୁଜ
ତା' ପରେ ତ ଲଢୁଥିବି
ଭାଇ ସାଙ୍ଗେ
ରୀନା, ଲତା, ଝୁନା ସଙ୍ଗେ
ମଧୁବାବୁ ସାଙ୍ଗେ ।

ସେଇ ଦିନଠୁ ପରୀ
ଲଢୁଚି ଯେ ଲଢୁଚି
ଓଢ଼ଣୀ ଉଡ଼ାଇ ନେଇଥିବା
ତୋଫାନ ସାଙ୍ଗେ

ତା’ ଆତ୍ମାର ଶୀତଳତାକୁ
ଓହଳ ବିକଳ କରିଥିବା
ପୁଲିସ୍ ଓକିଲ ସାଙ୍ଗେ
କେବେ କବିର କଲମ
ଆଉ କେବେ
ଖବର କାଗଜର
ଖବର ହେଇ
ପରୀ ଲଢୁଚି ।

କାଳିଆ ଘୋଡ଼ାରେ ଚଢ଼ିବାକୁ
କାହିଁକି କୁହେ ବୋଉ
ସେଦିନ ବୁଝି ନ ଥିଲା ପରୀ
ଆଜି ନିଜେ ପାଲଟି ଯାଇ
ରେସ୍‌ର କଳା ଘୋଡ଼ା
ପରୀ ଧାଉଁଚି
ନୟାଗଡ଼ରୁ ନୟା ସଡ଼କ
ପଛରେ ଛାଡ଼ି ଆସିଚି
ଧାଡ଼ି ଧାଡ଼ି ଉଚ୍ଚ ତାଳଗଛ
ପରୀ ରାଇଜର
ଗୋଟେ ଅସରନ୍ତି ଗପ
ମହେଞ୍ଜୋଦାରର ଇତିହାସରୁ
ଲିଭିଲିଭି ଆସୁଥିବା
ସ୍ୱପ୍ନିଳ ସ୍ନାନାଗାର

ନଦୀ ହେଇ
କୁଳୁକୁଳୁ ବହିବା ଆଗରୁ
ବରଫ ପାଲଟିଥିବା
ତୁଷାର କନ୍ୟାର
କୋମଳ ଆର୍ତ୍ତନାଦ ।

ଗୋଟିଏ ବେଶ୍ୟାର ଇତିବୃତ୍ତ

ସ୍ୱପ୍ନ ଏକ ଅବାଞ୍ଛିତ ଇଚ୍ଛା
ଯାହାକୁ ପାଇବାର ଇଚ୍ଛାରେ
ମୁଁ ବାରମ୍ବାର
ସ୍ୱପ୍ନ ଦେଖୁଥାଏ
ନିଜକୁ ପଳପଳ ହାରିଦେଇ
ଜିତିଯିବାର ସୁଖରେ
ମୋ ଦେହକୁ ଲୀନ କରି
ବିଦେହୀରେ ବିଲୀନ
ହେବାର ବିଶ୍ୱାସରେ
ବିହ୍ୱଳ ବିଭୋର
ମୁଁ ସାରା ରାତି ବେଶ୍ୟା
ଆଉ ଦିନ ମାନ
ପ୍ରେମିକା ପାଲଟିଯାଏ ।

ରାତି ସାରା
ଅଜଗର ପରି ମୋ ଦେହକୁ
ଛିନ୍‌ଭିନ୍ କଲାପରେ
କିଏ ଜଣେ ମୋ କକ୍ଷରୁ
ମଣିଷ ଖୋଳାପା ପିନ୍ଧି
ପଦାକୁ ବାହାରେ
ବେଦନାରେ ଆକ୍ରମାକ୍ତା
ମୋ ଦେହକୁ ଗଣ୍ଠିଲି କରି
ମୁଁ ପୁଣି ଛିଡ଼ା ହୁଏ

ସାରା ରାତି
କବାଟ ଫାଙ୍କରେ
କିଏ କାଳେ
ସାରା ଦିନ ଚାଲୁଥିବ
ମୋତେ ଭେଟିବାକୁ ଥରେ
ପ୍ରେମିକ ରୂପରେ ।

କହିବିନି କହିବିନି ହେଇ
ମୁଁ ଲେଖିଦିଏ
ପଦୁଏ କବିତା
ତୁଳୀ ଆଉ ଛୁଇଁବିନି ଭାବି
ତୁଳସୀ ଚଉରା ମୂଳେ
ଆଙ୍କିଦିଏ
ନାଲିନେଳି ଗୋଲାପୀ ମୁରୁଜ
ଚାଉଳ ବଟାର ଚିତା
ମୁଁ ଗୋଟେ
ଅଧାଲେଖା କାବ୍ୟ
ଦରଫୁଟା ଫୁଲର ପାଖୁଡ଼ା
ସାରା ରାତି
ବେଦନାରେ ଉବୁଟୁବୁ
ସାରାଦିନ ଅବାଞ୍ଛିତ
ବିରଳ ପ୍ରେମିକା ।

■

ଯୁଗେ ଯୁଗେ ସୂର୍ପଣଖା

ରାକ୍ଷସୀ ହେଇ ଜନ୍ମ ହେବା
ନ ଥିଲା ମୋର ଇଚ୍ଛା
ଅବା ସ୍ୱପ୍ନ
ରାକ୍ଷସୀ ହେବା ତ ଥିଲା
ମୋ ପାଇଁକି
ବିଧିର ବିଧାନ,
ରାକ୍ଷସୀ ହେଲେ କ'ଣ ହେଲା
ମୋ ଭିତରେ ବି
ଥାଏ ଗୋଟେ
କୁମାରୀତ୍ୱ ପଣ
ମୋ ଉଚ୍ଛାଟ ଯୌବନ
ପ୍ରେମ ପ୍ରତ୍ୟାଶାର
ଅହଂ ଅଭିମାନ।

ଶୁଣିଥିଲି ପ୍ରେମଶବ୍ଦ
ସବୁଠୁ ମହତ
ଏଇ ପୃଥିବୀରେ
କେଉଁଠି ରହିଲା ଭୁଲ୍
ତୁମ ପାଶେ କରିବାରେ
ପ୍ରେମ ନିବେଦନ?
କି ମାତ୍ରକ
ତୁମେ ଇ ଈଶ୍ୱର
ଆଉ ମୁଁ ଛାର ନାରୀ
ରାକ୍ଷସ କୁଳରେ !!

ମନେ ଅଛି ପ୍ରଭୁ
କେମିତିକା ତୁମକୁ
ଦେଖିବା ପରେ
ମତି ଗତି ଭୁଲି
ଋଷିଗଣ
ଦଣ୍ଡକା ଅରଣ୍ୟେ
ପିନ୍ଧିଥିଲେ ଅଳଙ୍କାର
ପାଟ ପୀତାମ୍ବରୀ
ତୁମ ପାଇଁ
ନାନାଦି ଆଳରେ ।

ମୁଁ ତ ଛାର ନାରୀଟିଏ
ମାନବୀଠୁ ବି ହୀନ
ରାକ୍ଷସୀଟିଏ
କିଏ ମୋତେ କହିଥା'ନ୍ତା
ମୋର ନାହିଁ ବୋଲି
ଭଲ ପାଇବାର
ତିଳେ ଅଧିକାର
ମୋ ନାକ କାନ କାଟିବାର
ଅବାଞ୍ଛିତ ଫଳ
ପରିଣତ ହେବ ମୋର
ବିକଳ ପ୍ରେମର !

ତୁମେ ପ୍ରଭୁ ରାମ ଅବତାର
ଚାହିଁଥିଲେ ମୁହୂର୍ତ୍ତକେ
କାଢ଼ି ନେଇଥା'ନ୍ତ
ମୋ କୁଆଁରୀ ମନର
ଯେତେ ଆକୁଳ ଅବେଗ
ତୁମ ପାଇଁ ଥିଲା ସିନା

ଏକ ପତ୍ନୀ ବ୍ରତ
ଭରିଥା'ନ୍ତ ଭ୍ରାତୃଭକ୍ତ
ଲକ୍ଷ୍ମଣ ମନରେ
ମୋ ପାଇଁକି
ପ୍ରୀତି ଅନୁରାଗ ।

ନାକ କାନ କଟା
ବିକଳାଙ୍ଗ ମୁଁ ସୂର୍ପଣଖା
ଯୁଗେ ଯୁଗେ
ରଚୁଥିବି ଇତିହାସ ମୋର
ତୁମେ ଇ ନେଇଛ କାଢ଼ି
ନାରୀ ପାଇଁ ଜିଇଁବାର
ସକଳ କାମନା
କିଏ ଆଉ ଯାଚି ଦେବ ତାକୁ
ବଞ୍ଚିବାର ପୂର୍ଣ୍ଣ ଅଧିକାର ?

■

ସୁଦାମାର ଇତିବୃତ୍ତ

କେବେ ଦିନେ
ଶୈଶବର ଅଝଟପଣରେ
ମୁଁ କାଢ଼ିନେଲି
ତୁମ ଭାଗରୁ
ମୁଠାଏ ଚାଉଳ
ତୁମେ ମୋତେ ଭେଟିଦେଲ
ମୋ ସାରା ଆୟୁଷଟା
ସାଉଁଟିବାକୁ
ବିକଳ ଦାରିଦ୍ର୍ୟ ।

ମୋ କାନ୍ଧରେ
ସଂସାର ଯୁଆଳି
ପେଟରେ ମୋ
ଅସରନ୍ତି ଭୋକ
ଇଚ୍ଛାହୁଏ
ଭାରି ଇଚ୍ଛାହୁଏ
ମୁଁ ଖୋଲିଦିଅନ୍ତି
ଯେତେ ସବୁ
ରଜା ରଙ୍କ
ମିଛ ଛଦ୍ମବେଶ
ତୁମ ଶ୍ରୀ ଅଙ୍ଗରୁ
ଉତାରି ଆଣନ୍ତି
ମଲ୍ଲୀର ଗଜରା, ପଚାରନ୍ତି
ଏ କେଉଁ ନ୍ୟାୟ ପ୍ରଭୁ ?

ବାଲୁତର କେଉଁ ଏକ
ଚଗଲାମି ଲାଗି
ଏଡ଼େ ବଡ଼ ଶାସ୍ତି ?
ଏ କେମିତିକା
ସମ୍ପର୍କର ସେତୁ
କାହିଁ ଦାରିଦ୍ର୍ୟର
କଷାଘାତେ
ପୀଡ଼ିତ ସୁଦାମା
କାହିଁ ଦ୍ୱାରକାଧିପତି ?

ଆଉ ଦିନେ ତୁଚ୍ଛ କରି
ମାନ ଅଭିମାନ,
ସବୁକୁ ଗଣ୍ଠିଲି କଲି
ଯେତେ ଯେତେ ଅଛି ମୋର
ଅହଂ ସ୍ୱାଭିମାନ
ଖୁଦ ଭଜା ତ ବାହାନା ମାତ୍ର,
ହେଲେ ମୁଁ କ'ଣ ଜାଣିଥିଲି
କିଏ ଜଣେ ଏମିତିକା ଥିବ
ମୁଠାଏ ତଣ୍ଡୁଳ ଭିତରେ
ଅତି ଯତନରେ
ମୋ ପାଇଁକି
ସାରା ସଂସାର ସମ୍ଭାଳିଥିବ
କିଏ ଜାଣେ ଇତିହାସ ରଚୁଥିବ
ଆମ ଦୁହିଁଙ୍କର
ନାଆଁ ଲେଖି
ଆକାଶ ବକ୍ଷରେ ପୃଷ୍ଠା ସବୁ
ବୁଣିଦେଉଥିବ ।

ତୁମେ ଲୀଳାମୟ ପ୍ରଭୁ
ସବୁ କିଛି ଜାଣି ବି
ଜାଣୁ ନ ଥିବ
ନ ହେଲେ
ମୁଁ କ'ଣ ଅଟକି ନ ଥା'ନ୍ତି
ଆଉ ଗୋଟେ ଯୁଗ !
ମୋ ଅଭାବର
ଭାବ ବୋହି ବୋହି
ପାଲଟି ଯାଇ ନ ଥା'ନ୍ତି କୂର୍ମ !

ବାସ୍ ଆକାଶକୁ
ଆଉଟିକେ ବିସ୍ତାରିଦେବାକୁ
ହେଇଥା'ନ୍ତା ଛାତି
ମୋ ଭୋକକୁ
ସାଉଁଟି ନେବାକୁ
ଆଉଟିକେ ନରମି ଥା'ନ୍ତା
କୋମଳ ଧରିତ୍ରୀ,
କିନ୍ତୁ, ମୁଁ ତ ପାଇଥା'ନ୍ତି
ମୋ ମିତ୍ରତାର
ସମ୍ପୂର୍ଣ୍ଣ ପାଉଣା,
ମୋ ଆଦିରୁ
ଅନ୍ତିମ ଘଡ଼ି
ଲେଖିଥା'ନ୍ତା ଇତିହାସ
ଗୋଟାପଣେ
ସୁବର୍ଣ୍ଣ ଅକ୍ଷରେ
ଏବେ ମୁଁ ଯେ
ଅପୂର୍ଣ୍ଣ ପ୍ରଭୁ !
ଖୁଦଭଜା ଦେବାଯାଏଁ
ତୁମ ଆଞ୍ଜୁଳିରେ

ସୁଦାମାର ଇତିବୃତ୍ତ ଲେଖା
ତା' ପରଠୁ
ପରିଚୟହୀନ ସୁଦାମା
ହଜିଯାଏ ଜନ ମାନସରେ ।

ତା ଠୁ ବରଂ ଭଲ
ମୁଁ ରହିଥା'ନ୍ତି
ଏମିତି ଚିରକାଳ
ଦରିଦ୍ର କାଙ୍ଗାଳ
ମୋ ଭାରିଜା
ଭାଜି ଦେଉଥା'ନ୍ତା ଖୁଦ ଭଜା
ମୁଁ ଚାଲୁଥା'ନ୍ତି
କୋଶେଦୂର, ଫେରୁଥା'ନ୍ତି
ମୋ ଝାଟିମାଟି
କୁଡ଼ିଆ ଅନ୍ଧାର
ମୋ ଜୀବନ
ଆଲୋକିତ ହେଉଥା'ନ୍ତା
ତୁମରି ନାଆଁରେ
ସଞ୍ଜରୁ ସକାଳ ।

■

ବିଶ୍ୱାବସୁର ଦିଅଁ

ଦେହରୁ ଅଲଗା କରି
ଭାଗ କରିହୁଏ ଭୋଗ
ଆଖି ବୁଜିଦେଲେ
ସହିହୁଏ ପାଦତଳୁ
ଖସିଯାଉଥିବା
ପରସ୍ତ ପରସ୍ତ ମାଟି
ଅଥଚ, ଆଖି ଖୋଲି
ସାମ୍ନା କରିହୁଏନି
ସ୍ନେହ ସୋହାଗରେ
ଗଢ଼ା ମାଟିର ଦିଅଁଙ୍କୁ
ନିଜ ହାତେ
ଅନ୍ୟକୁ ସଅଁପି ଦେବାର
ଜଖମ ବିଶ୍ୱାସ,
ଦିଅଁ କିଏ କି ?
ଗୋଟେ ବଞ୍ଚିବାର ରାହା
ଯାହା ବିନା
ଜିଇବାର ଇଚ୍ଛାସବୁ
ମରି ସାରିଥାଏ
ଅଥଚ ଗୋଟାପଣେ
ମରିବାର ଯୁ'ବି ଥାଏ ।

ଏମିତି ଗୋଟେ
ବିଦୀର୍ଣ୍ଣ ବିଶ୍ୱାସର

ଖୋଳପା ଭିତରେ
କୂର୍ମ ପାଲଟି ଯାଏ
ବିଶ୍ୱାବସୁ
ବିଶ୍ୱାସର ସୋରିଷ କ୍ଷେତରେ
କିଏ ବୁଣିଦିଏ
ରକ୍ତର ମନ୍ଦାର
ଶବର ରଜାର
ନିଟୋଳ ଭକ୍ତିକୁ
ଢାଙ୍କିଦିଏ
ରାଜ ଉଆସର
ଛତିଶ ନିଯୋଗ।

ବିଶ୍ୱାବସୁର ଅଗଣାରେ
ଆଉ ଚହଟିଯାଏନି
ପୋଡ଼ା ସାରୁ
କନ୍ଦମୂଳ ବାସ୍ନା
ହଳଦିଆ ସୋରିଷ କ୍ଷେତରେ
ନିନାଦିତ ହୁଏ ନାଇଁ
ବିଶ୍ୱାବସୁର ଦରଦୀ ଜଣାଣ,
ବିଶ୍ୱାସର ଗରୁଡ଼ ଖମ୍ବତଳେ
ନିଉଛାଳି ହୁଏ
ବିଶ୍ୱାବସୁର କୋହ -
କାହିଁ ହଜିଗଲା
ତା’ ନୀଳମାଧବ ?
କିଏ ଆଉ ମାଖିଦେବ
ତା’ ମଥାରେ
ଟୋପାଏ ଚନ୍ଦନ
କିଏ ଆଣି
ଜୁଟାଇବ ତା’ ପାଇଁକି

ଖୋଜି ଖୋଜି
କେନ୍ଦୁ କି ମହୁଲ ?
ଶାଳ ପତ୍ର
ଶଳପ ରସରେ
କିଏ ଆଉ ବାନ୍ଧିଦେବ
ସ୍ୱପ୍ନ ସାମିଆନା ?

ବଡ଼ ଦେଉଳରେ ଉଭା
ଜଗତର ନାଥ ଜଗନ୍ନାଥ
ଗରୁଡ଼ ଖମ୍ବର ତଳେ
ବିଶ୍ୱାବସୁ
ଅଛୁଆଁ ଅସ୍ପୃଶ୍ୟ ।

■

ଗୁରୁ ଦକ୍ଷିଣା

ଥରେ ଗୋଟେ ପ୍ରତିଶ୍ରୁତି
ଦେଇଦେଲା ପରେ
ସେ ହୁଏତ
କ୍ଷଣଟିଏ ଭାବିଥିବ
କ'ଣ ମାଗିବେ ଗୁରୁବର ?
ପାହାଡ଼ ପର୍ବତ ଘେରା
  ଶବର ମୁଲକ ?
ଆମ୍ବ ଖଜୁରୀରେ ଭରା
ଗୋଟେ କନ୍ଦରଜା ଗାଁ
ତା' ଭିତରେ ଥିବ
ଗୋଟେ ସବୁଜ କୁଟୀର ?
ନହେଲେ ପାରନ୍ତି ମାଗି
ଧନୁର୍ବାଣ ମୋର
ଲକ୍ଷ୍ୟଭେଦୀ ଶର
ଅବା ଗୋଟାପଣେ
ବଳିଦାନ ମୋର
ଦେହରୁ ଅଲଗା ଶିର !

ଅଥଚ
ସେ କ'ଣ ଜାଣିଥିଲା
ମୁଁ କାଢ଼ିନେବି
ତା' ଦିହରୁ ଆତ୍ମା
ପୁଣି ଆତ୍ମାରୁ ନିର୍ଝର

ଅଲଗା କରିଦେବି
ତା' ରାତିରୁ ନିଦ
ପୁଣି ନିଦରୁ ସପନ
ମାଗିନେବି
ତା' ଜିଇବାର
ସମସ୍ତ ପୁଲକ
ଅଥଚ ଯାଚି ଦେଉଥିବି
ବଞ୍ଚିବାର
ପୂରା ଆଶ୍ୱାସନ !

ଏ କେମିତିକା
ଗୁରୁ ଦକ୍ଷିଣା ?
ମୋ ଭାବିବାର
ପାଳି ଏଥର
ମୁଁ ଚାହିଁଲେ ମାଗିଥା'ନ୍ତି
ତା' ବିଦ୍ୟାବୁଦ୍ଧି ଘରବାଡ଼ି
ତୁଚ୍ଛ ଅହଂକାର
କି ମାତ୍ରକ ମୁହୂର୍ତ୍ତ ଭିତରେ
ସେ ଭେଟି ଦେଇଥା'ନ୍ତା
ଲକ୍ଷ୍ୟଭେଦି ଶର
ଅବା ମସ୍ତକକୁ
ମୋତେ ଉପହାର ।
କିନ୍ତୁ, ମୁଁ ଯେ ଗୃହତ୍ୟାଗୀ
ସଂସାର ବିରାଗୀ
ରାଜଗୁରୁ ଦ୍ରୋଣ
ଯେ ଘରଦ୍ୱାର ଥାଟବାଟ
ଲୋଡ଼ା ନାଇଁ ମୋର
ମୁଁ ତ ମାଗିଥିଲି
ବୃଦ୍ଧାଙ୍ଗୁଳି ଖାଲି

ଯେଣୁ ସେ ଶିଖିଥିଲା
ସବୁ ବିଦ୍ୟା
ଅଜ୍ଞାତରେ ମୋର।

ରକ୍ତଭିଜା ଅଙ୍ଗୁଳିଟେ
ହଳଦୀ ଅକ୍ଷତ ବୋଳା
ଏକଲବ୍ୟ ଅଞ୍ଜଳିରେ ଭରା
ଦର୍ପ ଆଉ ନମ୍ରତାର
ଫେଣ୍ଟାଫେଣ୍ଟି
ଅପୂର୍ବ ଠାଣିରେ
ଭେଟି ଦେଇଥିଲା
ଛାତିରୁ ଅଲଗା କରି
କଳିଜାକୁ ମୋରି ପାଦରେ।

■

ମହିଷାସୁର

ସବୁଥର ପାର୍ବଣ ଋତୁରେ
ପ୍ରଶ୍ନଟିଏ ଉଙ୍କିମାରେ
ମୋ ରାକ୍ଷସ ବୁଦ୍ଧିରେ
ମୁଁ କ'ଣ ରାକ୍ଷସଟେ ହେଇ
ଜନ୍ମଥିଲି
ମୋରି ଇଚ୍ଛାରେ ?

ମୋ ଦିହରେ
ତୁ ଭରିଦେଲୁ ମା'
ସହସ୍ର ସିଂହର ଶକ୍ତି
କଲିଜାରେ ବୁହାଇଲୁ
ହିଂସା ଓ ଅସୂୟା
ବୁଦ୍ଧିରେ ମୋ ଭରିଦେଲୁ
ଅସୁର ପ୍ରବୃତ୍ତି ।

ତା' ପରେ ମାଗିଲୁ ମୋଠୁ
କରୁଣାର ହାତଟିଏ
ଦୟାର ହୃଦୟଟିଏ
ଫୁଲର କଅଁଳ
ପରଶଟିଏ,
କହ ମା'
ଏ ମାଗିବା କ'ଣ ନଥିଲା
ସୀତାଙ୍କ ମାଗିବା ପରି

ସୁବର୍ଣ୍ଣ ହରିଣୀ
ଅଧାଗଢ଼ା ଦିଅଁଙ୍କର
ଦ୍ୱାର ଖୋଲିବାକୁ
ଜିଦ୍ କଲାପରି
ଇନ୍ଦ୍ରଦ୍ୟୁମ୍ନ ରାଣୀ ?

ତୁ କାହୁଁ ଜାଣିବୁ ମା'
ମୁଁ କେମିତି
ଛଟପଟ ହେଉଥାଏ
ଛୁଇଁବାକୁ କଢ଼ିଟିର
କୋମଳ ପରଶ
ଅହରହ ଝୁରୁଥାଏ
ପାଇବାକୁ ଶିଶୁଟିର
ନରମ ବିଶ୍ୱାସ ।

କିନ୍ତୁ, ମୋତେ ଦେଖିଲେ ହିଁ
ପିଲାଙ୍କର
ଖେଳ ସରିଯାଏ
ଅଧାଫୁଟା କଢ଼ିଟିଏ
ଭୟରେ ସାଙ୍କୁଡ଼ିଯାଏ
ଦାନା ଟୁକୁଥିବା ଚଢ଼େଇଟେ
ନୀଡ଼କୁ ଲେଉଟି ଯାଏ ।

ଦୋଷ ତ ମୋର ନୁହଁ
ଦୋଷ ମୋର ରାକ୍ଷସ ବୁଦ୍ଧିର
ସେ ବୁଦ୍ଧି ବି
ମୋର ନୁହଁ
ଯେଣୁ ମୁଁ ବି ପିଣ୍ଡଟିଏ ତୋର
ତୁ ଇ ତ ସୃଷ୍ଟି ସ୍ଥିତି

ସିଦ୍ଧି ବୁଦ୍ଧି
ସକଳ ବିଶ୍ୱର
ତେଣୁ ତୁ ହେଲୁ
ମହିଷ ମର୍ଦ୍ଦିନୀ
ମୁଁ ହେଲି
ମହିଷ ଅସୁର।

ଶିଖଣ୍ଡୀର ଉକ୍ତି

ଜନ୍ମ ଜନ୍ମାନ୍ତର
ଏମିତି ପ୍ରତିଶୋଧର
ନିଆଁରେ ଜଳିଛି
ସୂର୍ଯ୍ୟାସ୍ତ ପରେ
ପ୍ରତିକ୍ଷା କରିଛି
ପୁଣି ସୂର୍ଯ୍ୟୋଦୟର,
ଲହୁଲୁହାଣ ହେଇ
ଧାଇଁଚି ଗୋଟେ ପରେ
ଗୋଟେ ଏନ୍ତୁଡ଼ିଶାଳ
ଢଳ ଢଳ ସାରୁ ପତ୍ରରେ
ଢାଳିଦେଇଚି ମୋ ଭାଗ୍ୟ
ସବୁ ମାନ ଅପମାନକୁ
ସଜେଇ ଦେଇ
କରିଚି ଗଳାହାର।

କିଏ କହେ
ଦେଖ ଏ କେମିତିକା
ଶିଖଣ୍ଡୀର ଭାଗ୍ୟ !
ଜଣେ ଇଚ୍ଛାମୃତ୍ୟୁଧାରୀ
ମଣିଷର ଲାଗି
ମୃତ୍ୟୁ ଯାଚିଦେବା
କ'ଣ ସତରେ ସମ୍ଭବ ?

ଅଥଚ, ମୁଁ ଦେଖିଚି
ଧର୍ମ ଅଧର୍ମର
ମହତ୍ ଯଜ୍ଞରେ
ମୁଁ ପ୍ରଥମ ଯୂପକାଠି
ମହାଭାରତର
ମହାସଂଗ୍ରାମରେ
ମୁଁ ଆଦ୍ୟ ଆହୂତି
ଯୁଗ ପରେ ଯୁଗ
ମୁଁ ଏମିତି ଆସୁଥିବି
ମୋ ନାରୀତ୍ୱକୁ
ଜଳାଞ୍ଜଳି ଦେଇ
ପୁଣି ଥରେ
ନାରୀତ୍ୱର ଅଧିକାର
ମାଗି ବସୁଥିବି
କେବେ ହେଇ ଅମ୍ବା
ଆଉ କେବେ ଶିଖଣ୍ଡୀ।

ମୁଁ ବିଶୁ ମହାରଣା କହୁଛି

ତୋତେ ଥରେ
ଶୀତଳ ନିଦରେ
ଶୁଆଇଲା ପରେ
ସାରା ଆୟୁଷ ମୁଁ
ଚେଇଁ ରହିଛି
ଆଢ଼େଇ ଦେଖିଚି
ଚନ୍ଦ୍ରଭାଗାର
ପରସ୍ତ ପରସ୍ତ ବାଲି
ମୋ ଲୁହରେ
ତରଲି ଦେଖିଚି
ମହୋଦଧି ଅସରନ୍ତି ଢେଉ
ଗହଗହ ବାଦଲ ଉହାଡ଼େ
ଅଣ୍ଡାଳି ହେଇଚି
ଗୋଟେ କଅଁଳିଆ ଖରା
ଝାଉଁବଣ ସୁ ସୁ ପବନରେ
ଛୁଇଁବାକୁ ଟିକେ
ହଜିଲା ବିଶ୍ୱାସ।

ଥରଟିଏ ତୋ ପାଇଁ
ନୀରବି ଗଲା ପରେ
ମୁଁ ତମାମ୍ ଜୀବନ
ବାହୁନି ହେଇଚି
ମା' ପେଟରେ

ଛାଡ଼ି ଆସିଥିବା ପିଲାକୁ
ବାରବର୍ଷରେ ଭେଟି
ଛାତିକୁ ଆଉଜେଇ
ନ ପାରିବାର
ବିଫଳ ଆଗ୍ରହ
ପ୍ରତିଶ୍ରୁତିରେ ଜିଇଥିବା ପତ୍ନୀକୁ
ସାମ୍ନା ନ କରି ପାରବାର
ମହଣ ମହଣ କୋହ
ଥରୁଟିଏ ଆଖି ଖୋଲନ୍ତୁ କି
ବୁଝାଇ ଦିଅନ୍ତି
ନୀରବ ରହିବା ମାନେ ନୁହଁ
'ବାରଶ ବଢ଼େଇରେ ଦାୟ'
ବୁଝାଇଦିଅନ୍ତି
ରଜାଲାଗି ମନ୍ଦିରଟେ
  ଗଢ଼ିବାକୁ
କେମିତି ଖଣ୍ଡଖଣ୍ଡ
କାଟିଦେବାକୁ ହୁଏ
ନିଜ ଘରର ପଥର
ମୁଁ ବିଶୁ ମହାରଣା
କୋଣାର୍କ ମନ୍ଦିର
ବଡ଼ କାରିଗର
ଖାଲି ଲୋଡ଼ା ମୋର
ଧୂଳିମାଟି ଜୁଡୁବୁଡୁ ଧରମାଟେ
ମିଠା ମିଠା
ବାଡ଼ି ବରକୋଳି
ଆଉ ଗୋଟେ କାଳିଆ କୁକୁର।

■

କିଏ ଜଣେ ଥାଏ

କେଉଁଠି ତ
କିଏ ଜଣେ ଅଛି
ଗହଳ ମାଣ୍ଡିଆ କ୍ଷେତ
ଝଙ୍କା ବରଗଛ
ଗାଧୁଆ ପୋଖରୀ ତୁଠ
ଅଗ୍ନାଅଗ୍ନି ବନସ୍ତ
ସବୁଆଡ଼େ କାୟା ମେଲି
କିଏ ଜଣେ ଅଛି !

କିଏ ଜଣେ ଅଛି
ଛପିଛପି
ଯାହା ଇଶାରାରେ
ଖେଳୁଅଛି ଘାସରେ କାକର
ଝରା ଶେଫାଳୀର ପାଖୁଡ଼ାରେ
ବୁଣି ଯାଉଛି ରଙ୍ଗର ମୁରୁଜ
ମେଘ ହେଇ
ବରଷି ଯାଉଚି
କୁଆଁରୀ ଆଖିର କଥା
ପ୍ରଜାପତିର ଡେଣାରେ
ଲେପି ହଉଚି
ରଙ୍ଗର ବର୍ଣ୍ଣାଳୀ।

ସରି ଆସୁଥିବା ଆୟୁଷକୁ

ଜିଇବାର ପ୍ରତିଶ୍ରୁତି ଦେଇ
କିଏ ଜଣେ କରୁଥାଏ
ସହସ୍ର ଶୃଙ୍ଗାର
ଅଧାଲେଖା କବିତାର
ବଂଶୀନାଦ ହେଇ
କିଏ ଜଣେ ଗଢ଼େ ବସି
ଶବ୍ଦର କୋଣାର୍କ
ନୀଡ଼ ଫେରା ପକ୍ଷୀଙ୍କର
ପାତଳ ଥଣ୍ଟରୁ
ଶୁଭୁଥାଏ କାହାର ସେ
କାକଳି କୁହୁକ !

ହଳଦୀବସନ୍ତ ଠାରୁ
ଧାର ନେଇ ଗୁରୁଗୁରୁ
ହଳଦିଆ ରଙ୍ଗ
ଗୁଣ୍ଡୁଚି ପିଠିରେ
ଛୁଇଁ ଦେଇ କଅଁଳିଆ ହାତ
କିଏ ଜଣେ
କେଉଁଠି ତ ଅଛି
ମୃଗନାଭ କସ୍ତୁରୀକୁ
ଖୋଜୁ ଖୋଜୁ
ହଜିଗଲେ ତମାଳ ବଣରେ
ଜୁକୁଜୁକୁ ତରାଟିଏ ହେଇ
କିଏ ମତେ ଅହରହ
ରାସ୍ତା ଦେଖଉଚି ।

■

ନିଃସର୍ତ୍ତ

ସବୁକିଛି ନିଃସର୍ତ୍ତ ଏଥର
ମୋ ବାକିଥିବା ଆୟୁଷର
ସବୁଜ ଆକାଙ୍କ୍ଷା
ମୋ ଷଠୀଘରେ
ଲାଗିଥିବା
ଗଣ୍ଡାଏ କଉଡ଼ି
ବାଡ଼ିଆଡ଼ ମଲ୍ଲୀକଢ଼
ଅଗଣାରେ
ସ୍ୱପ୍ନର କୁହୁଡ଼ି
ଆଜି ସବୁକିଛି
ସମର୍ପିତ ନିଃସର୍ତ୍ତରେ,
ମୋ ଅନ୍ତିମ ଇଚ୍ଛାରେ
ରୋପିବାକୁ ଏକ
ପ୍ରେମର ବୀଜମନ୍ତ୍ର
ମୋ କୋକେଇ ଧାରରେ ।
ନେଇଯାଅ
ମୋ ଜୀବନରୁ
ଅର୍ଦ୍ଧେକ ଆୟୁଷ
ପୁଣି ସେ ଆୟୁଷରୁ
ସକଳ ପୂର୍ଣ୍ଣତା
ବାସ୍ କି ମାତ୍ରକ
ଅର୍ଦ୍ଧେକ ମୁହୂର୍ତ୍ତ ଯେତେ
ଭରିଦିଅ ତୁମ ଭଲପାଇବାର
ମଧୁର କୋମଳ ଆଶା ।

ଯୋଗୀ ଗୀତ

ସାରା ସଂସାରଟା
ଝୁଲିରେ ପୂରାଇ
ତୁ ଘର ଘର
ମାଗି ବୁଲିଲୁ ଭିକ
ଡେଣା ମେଲି ଉଡ଼ିଯାଉଥିବା
ଅବୁଝା ମନକୁ
ତୁ ଶୁଣାଇଲୁ ଯୋଗୀ ଗୀତ
ପଛରେ ପକାଇ ଯେତେ
ବଶିଷ୍ଠ କି ବିଶ୍ୱାମିତ୍ର
ତୁ ବାଛିନେଲୁ
ଏମିତିକା ଗୁରୁ
ଯିଏ ହାତ ଟେକିଦେଲେ
ନଇଁଯାଏ ନଡ଼ିଆ
ଖଜୁରୀ ଗଛ
ପାଦ ପ୍ରସରିଲେ
ଆବୋରି ବସେ
ଦିଗନ୍ତ ଆକାଶ ।

କେନ୍ଦେରାର ସୁରରେ
ତୁ କି ମନ୍ତ୍ର ଫୁଙ୍କିଲୁ
ସାରା ସଂସାର
ପାଲଟିଗଲା ଯୋଗୀ
ମା' ପାଶୋରିଦେଲା

ଧୋ ବାୟା ଗୀତ
ଗାଈର ଥନରୁ ଝରିଗଲା
ଅଥଳ ଅମୃତ,
ଅଦିନରେ ଫୁଟିଗଲା
ମଲ୍ଲୀ କନିଅର
ରାତି ଅଧେ ବୁଲୁଥିବା
ବିଟପୀ ମଣିଷ
ଗୋଟାପଣେ ପାଲଟିଲା
ନିର୍ମୋହୀ ପୁରୁଷ ।

ଯୋଗୀଆରେ
ତୁ କି ଗୀତ ଗାଇଲୁ
ଘୁମେଇ ପଡ଼ିଲା ଜହ୍ନରାତି
କାମୁକ ପୁରୁଷ
ଖୋଜିହେଲା କମଣ୍ଡଳୁ
ଦୁଧଖିଆ ଛୁଆ
କାଟିଦେଲା
ଚନ୍ଦନ ତିଳକ ଚିତା
ଶୋଇଗଲା ମୁକ୍ତଦେଇ
ନାଇଦେଇ ରସଖଡୁ
କଜ୍ଜଳ ଅଳତା ।

■

ମହାଯାତ୍ରା

ପୁଣି ଫେରିଯିବାକୁ ହେବ
ସେଠିକୁ ଯେଉଁଠୁ
ଆରମ୍ଭ କରିଥିଲି
ଏକା ଏକା ମହାଯାତ୍ରା
ବୃତ୍ତର ପରିଧି
ମାପି ସାରିଲା ପରେ
ପହଞ୍ଚି ହେବ ପୁଣି
ଅନାୟାସରେ କେନ୍ଦ୍ରବିନ୍ଦୁରେ,
ବୃତ୍ତର ନ ଥାଏ
ଆଦି କି ଅନ୍ତ
ଅଥଚ ମୁଁ ଯାତ୍ରା
ଆରମ୍ଭ କରିସାରିଥାଏ
ଆଉ ଅନ୍ତ ଖୋଜୁ ଖୋଜୁ
ମୁଁ ରୂପାନ୍ତରିତ
ହୋଇସାରିଥାଏ ବିନ୍ଦୁରେ
ଯାତ୍ରାର ଅୟମାରମ୍ଭରେ।
ଥରଟିଏ ବାଟ ଚାଲିବା
ଆରମ୍ଭିଲା ପରେ
ଫେରିବାର ରାସ୍ତା ସବୁ
ନିବୁଜ ଗଳି ହୋଇସାରିଥାଏ
ଖୋଜିବାକୁ ବେଳ ନ ଥାଏ
ମୁଣ୍ଡ ଉପରେ
ଆଲଟ ଚାମର

ବଡ଼ଦାଣ୍ଡରେ ଥରେ
ଦିଅଁ ବାହାରି ଗଲେ
ଦେଉଳର ଶଙ୍ଖନାଦ ବି
ଆକଳନ କରିପାରେନା
ସମୁଦ୍ରର ସ୍ୱର,
ମୁଁ ତ ପଥିକଟେ
କାହିଁ ପାଇଁ ଖୋଜୁଥିବି
ମାଳିଦିଆ ଛତା !
ପାଦରେ ଲଗାଇବାକୁ
ହଳେ ତାରକସୀ ଜୋତା !

ଆକାଶ ସାଇତି ରଖିଚି
ମୋ ପାଇଁକି
ଗହଳିଆ ବରଗଛ ଛାଇ
ବର୍ଷାଭିଜା କଅଁଳିଆ ମାଟି
ଲୁଚାଇ ରଖିଚି
ଧାନକେଣ୍ଡା ଭର୍ତ୍ତି
ଶଗଡ଼ ପାଲିଙ୍କି ।

କେମିତିକା ଫେରିଥା'ନ୍ତି ଏଥର
ସୀମାକୁ ଛୁଇଁବା ଆଗୁଁ
ବାଜି ଲଗାଇଚି
ଆୟୁଷ ସାଙ୍ଗରେ
କେବେ ହାରିବିନି
ଥକି ବି ଯିବିନି
ଯାତ୍ରାପଥ ସରିବା ଆଗରୁ
ସେଇଥିପାଇଁ ତ
ଯେ ମହାଯାତ୍ରା
ସାମ୍‌ନା କରିବାକୁ ପଡ଼ିପାରେ

ଝଡ଼ କି ସୁନାମି
ଭାଙ୍ଗିବାକୁ ପଡ଼ିପାରେ
ସୁବର୍ଣ୍ଣ ଲଙ୍କାର ଦ୍ୱାର
ତଥାପି ଚାଲିବାକୁ ହେବ
ବୃତ୍ତର କେନ୍ଦ୍ରବିନ୍ଦୁରେ
ଦିନେ ନା ଦିନେ ତ
ପହଞ୍ଚିବାକୁ ହେବ ।

■

କେଶବ କୋଇଲି

ତୋ ପାଇଁ ଆଉ
ଯମୁନା ଘାଟର
ବାଟ ବାଉଳା ହେବନି
ଶିକାରେ ଆଉ
ସାଇତା ହବନି
ସର ଲହୁଣୀର
ଉଚ୍ଛୁଳା ପସରା
କଦମ୍ବ ଗଛରେ
ଆସିବନି ହଳଦିଆ ସୁଖ।

ଗାଈର ଥନରୁ
ଆଉ ଝରିବନି
ମନକୁ ମନ ଦୁଧ
ଗୋପାଳୁଣୀର
ସଂସାର ଭିତରୁ
ଶୁଣାଯିବନି
ମଧୁର ମୁରଲୀ ଗୀତ।

ତୁ ଯାଇଚୁ ଯେ ଯାଇଚୁ
ଅଫେରନ୍ତା ନଈ ପରି
ପଛରେ ଯାଇଚୁ ଛାଡ଼ି
ପଲ ପଲ ଗାଈ
ଗୋଠରୁ ଅଲଗା ହେଇ

ହଜିଯାଉଥିବା
ବାଛୁରୀର ହମ୍ବାରଡ଼ି
ଚୁଡ଼ାଭଜା କିଆ କନ୍ଦା
ବନସ୍ତେ କଣ୍ଟେଇ କୋଳି ।

ତୋତେ ଏଥର
ପାଶୋରିବାକୁ ହୁଏ
ଶିକାରୁ ଉତାରି ଆଣି
ଦହି ଲହୁଣୀର ହାଣ୍ଡି
ବିକିବାକୁ ହୁଏ
ହାଟରେ ଘାଟରେ
ରାତିରୁ ହଜାଇ ନିଦ
ଶୋଇବାକୁ ହୁଏ
ଅନ୍ଧାରିଆ ଘରେ ।

ଅଥଚ
ଯେତେ କବାଟ କିଳିଲେ ବି
କେଉଁ ଫାଙ୍କରୁ
ଧସେଇ ଆସେ
ପୁନେଇଁ ଜହ୍ନର ଜ୍ୟୋସ୍ନା
ଶେଯସାରା ବୁଣିଯାଏ
ଝରା ଶେଫାଳୀର
ମଧୁର ମହକ
ସବୁ ଦୁଧ ଦହି
ବିକିଲା ପରେ ବି
ଖଟା ହେଉଥାଏ
ପ୍ରୀତିର ପସରା
ପହଡ଼ ପଡ଼ିବା ପରେ ବି
ଶୁଭୁଥାଏ

ଦେଉଳରୁ ଶଙ୍ଖଧ୍ୱନି
ଯମୁନାର ପ୍ରତିଟି ଢେଉରେ
ଭାସିଆସେ
ସହସ୍ର ବଇଁଶୀ
ଆମ୍ବଡ଼ାଳେ
କୋଇଲିଟେ ହେଉଥାଏ
ନିଥର ଉଚ୍ଚାଟ
କହ୍ନେଇର ପାଦଛୁଆଁ
ପ୍ରତିଟି ଧୂଳିରେ
ଲେଖି ଦେଇ ଯାଉଥାଏ
ପ୍ରେମର ସଙ୍ଗୀତ ।

■

ରଥ ନନ୍ଦିଘୋଷ

ମନଗହନର ଅବଦମିତ ଇଚ୍ଛାକୁ
କହି ନ ପାରିଲେ
ମିଛ ଲାଗେ ବାଇଶି ପାହାଚ
ତୁଚ୍ଛ ବଡ଼ଦାଣ୍ଡ
ରତ୍ନ ବେଦୀ
ଷାଠିଏ ପଉଟି ଭୋଗ
ଲକ୍ଷ୍ମୀଙ୍କର ଶତ ଅଭିସାର
ଶଙ୍ଖନାଦ ସୁନାବେଶ
ଆରତୀ କର୍ପୂର
ସେ ଯେ ମନୁଆ ଠାକୁର,
ସେଥିପାଇଁ
ଶୁଣିବାକୁ ହେବ ଆଜି
ଆକୁଳ ମୃଗୁଣୀ ସ୍ତୁତି
ଚଢ଼ିବାକୁ ହେବ ଆଜି
ପୁଣି ଥରେ
ରଥ ନନ୍ଦିଘୋଷ।

କାହାକୁ ବି ଖୋଲିକରି
କହି ପାରି ନ ଥିବା
ମନ ଗହନର ଗୁମର କଥା
କଚ୍ଛବଟ କୋରଡ଼େ ସାଇତି
ଛଳଛଳ ପ୍ରେମର କରାଟ
କୋଇଲି ବୈକୁଣ୍ଠ ତଳେ

ଘୁମୋଉ ଥିବା
ନିଃସଙ୍ଗ ନକ୍ଷତ୍ର
ସାଗରର ଜୁଆର ଭଟ୍ଟାରେ
ଛାଡ଼ି ଆସିଥିବା
ଆକୁଳ ଆତଙ୍କ
ଛମ୍‌ଛମ୍ ନୂପୁରକୁ
ଚଲୁ କରିଦେଇଥିବା
ସରୁ ଚୋରାବାଲି
ଆଜି ସବୁକିଛି ପଛ
ଯେଣୁ ପୁଣି ଆଜି
ଫୁଙ୍କିବାକୁ ହେବ
ଘୋଷଯାତ୍ରା
ସାହାନାଇ ଶଙ୍ଖ ।

ସବୁ ମୋହ ଆସକ୍ତିକୁ ମୂର୍ଚ୍ଛି
ଆଜି ବାହାରି ଯିବାକୁ ହେବ,
କିଏ କହେ
ତା'ର ମନ ନାହିଁ ?
ମନୁଆ ବୋଲି ତ
ନିଦୁଆ ଜ୍ୱରକୁ ଭୁଲି
ଆଜି ପୁଣି ସଜବାଜ
ସନ୍ତାପିତ ହୃଦୟରେ
ଲେପିବାକୁ ଶୀତଳ ଚନ୍ଦନ
ପୁଣି ଥରେ
ବଡ଼ଦାଣ୍ଡେ ଉଭା
କାଳିଆ ସାଆନ୍ତ
ଚଢ଼ିବାକୁ
ରଥ ନନ୍ଦିଘୋଷ ।

■

ଅଶ୍ୱମେଧ ଘୋଡ଼ା

ଏମିତି ଏକ
ରାଇଜେ ମୁଁ ରୁହେ
ଯେଉଁଠି ସାରା ଜନ୍ମର
ସାହସକୁ ଏକତ୍ର କରି
ମୃତ୍ୟୁକୁ ଛୁଇଁବା ଲାଗି
ମୁଁ ତମାମ୍ ଦଉଡୁ ଥାଏ ।

ଦେହରେ ଲଗାଇ ମୋର
ଝଲମଲ ଜରିଦିଆ ପାଟ
ଟାପୁରେ ଜଡ଼େଇ ହେଇ
ରୂପାର ପଲିସି
ମୁଁ ଅହରହ ପିଟୁଥାଏ
ମଶାଣି କବାଟ ।

ମୋ ଉପରେ
ଆଜି କେହି ନାହାନ୍ତି
ସଇଶ ସବାରୀ
ପରାକ୍ରମୀ ମହାରାଜା
ରାଜାର କୁମାର
ମୋ ସୁରକ୍ଷାରେ
ଗଣ୍ଡା ଗଣ୍ଡା ଜଗୁଆଳ

ଯେମିତିକା ଆଜ୍ଞାକାରୀ ଭୃତ୍ୟ
ଆଉ ମୁଁ ତାଙ୍କ
ପରମ ଈଶ୍ୱର ।

ମୁଁ ଚାହେଁ ଦଉଡୁଥା'ନ୍ତି
ଛାଡ଼ିଦେଇ ଘୋଡ଼ାଶାଳ
ରଜାର ଉଆସ
ଘଡ଼ିଏ ଅଟକି ଯାଆନ୍ତି
ଦେଖିବାକୁ କାଶତଣ୍ଡୀ
ସୋରିଷ ଫୁଲର କ୍ଷେତ,
ଗୁଣ୍ଡୁଚିର ଲୁଚକାଳି ଖେଳ
କୁନିକୁନି ଠେକୁଆଙ୍କ
ଦଉଡ଼ା ଦଉଡ଼ି
ମୁଁ ଚାହେଁ ରହିଯା'ନ୍ତି
ଖାଇବାକୁ ଆଖୁବଣ
କଅଁଳିଆ ଘାସର କିଆରୀ ।

କାଢ଼ିଦେଇ ପାଟକନା
ସୁନା ରୂପା କଳାର ନୈପୁଣ୍ୟ
ମୁଁ ଖାଲି ଘୋଡ଼ାଟିଏ
କି ମାତ୍ରକ ଘୋଡ଼ାଟିଏ
ହେଇ ଜିଇଥା'ନ୍ତି
ରାତି ଆଉ ଦିନ
ହେଲେ,
ଏ କେମିତିକା ସମ୍ଭବ !

ରାଜାଟିଏ ହେବା ଲାଗି
ରାଜ ଚକ୍ରବର୍ତ୍ତୀ
ସବୁଠାରୁ ସୁନ୍ଦରିଆ

ଘୋଡ଼ାଟିଏ ଲୋଡ଼ା
ଖାସ୍ ସେଥିପାଇଁ
ଅଶ୍ୱମେଧ ଯଜ୍ଞ
ସେ ଯଜ୍ଞର
ପୁରୋଧା ମୁଁ
ଅଶ୍ୱମେଧ ଘୋଡ଼ା

■

ଏ କେମିତିକା ?

ଏ କେମିତିକା ବେତାଳ
ଦିଗ୍‌ବିଜୟୀ ସମ୍ରାଟଙ୍କ କାନ୍ଧରେ
ତୁ ଲାଉ ହେଇ ବସିଥାଉ
ଦେହଧାରୀ ମହାରାଜା
ନୀରବ ନିଶ୍ଚଳ
ତୁ ଅଶରୀରୀ
ଅହରହ ଗପି ଚାଲିଥାଉ ।

ଦେହୀ ବିଦେହର ଖେଳ
ଚାଲିଥାଏ ସାରା ରାତି
ତୁହାକୁ ତୁହା ବର୍ଷା
ଯେତେ ଯାଏ ନ ସରିଛି ରାସ୍ତା
ଲମ୍ବିଥାଏ ଶବ୍ଦର କୁହୁକ
କାହାଣୀର ମାୟାଜାଲ ।

ଏ କେମିତିକା ସର୍ତ୍ତ
ବେତାଳ ?
ଯେଉଁଠି ସବୁ କାହାଣୀର
ପୂର୍ଣ୍ଣଛେଦ ହୁଏ
ସେଉଠୁ ଆରମ୍ଭ ହୁଏ
ଉତ୍ତର ଦେବାର ବେଳ
ମହାରାଜା ମନାସନ୍ତି
ପାଆନ୍ତେ କି ଏକ ଅଜ୍ଞାତ ଉତ୍ତର

ଜମାରୁ ମୁହଁ ନ ଖୋଲି
ପହଞ୍ଚି ହୁଅନ୍ତା ଥରେ
ରଜାର ଉଆସ !
ଛାଡ଼ି ହୁଅନ୍ତା
କୁଢ଼ କୁଢ଼ ଶବର
ଶ୍ମଶାନ ଘାଟ
କୂର୍ମ ବନିଯାଇଥିବା କାନ୍ଧରୁ
ଉତାରି ହୁଅନ୍ତା
ଅଶରୀରୀ ଭାର !
ବେତାଳ ବୁଝେ-
ସେ ନୁହଁ ମଶାଣି ଭୂଇଁ
ସେ ଗୋଟେ
ସାଧନାର ସ୍ଥଳ
ସେ ନିଜେ ଗୋଟେ
ସଂସାର ଯୁଆଳୀ
ସେଥିପାଇଁ ଥରଥର
ହାରିବା ପରେ ବି
ଲେଉଟି ଆସନ୍ତି ରାଜା
ମଶାଣିକୁ ବାରମ୍ବାର ।

ତଥାପି ଈଶ୍ୱର

'ଈଶ୍ୱର ଅଗ୍ରପୂଜ୍ୟ'
ତାହା ମିଛ
ମିଛ ସବୁ ଶାସ୍ତ୍ର ପୁରାଣ
ଗୀତା ଭାଗବତ
ଉପନିଷଦ ବେଦ,
ନିଜେ ପାରୁଥିଲା ଯାଏଁ
ଖୋଜା ପଡ଼ନ୍ତିନି ଈଶ୍ୱର
ନିଜକୁ ବଞ୍ଚାଇବାର
ସମସ୍ତ କୋଳାହଳ
ନିର୍ବାପିତ ହେଲା ପରେ ହିଁ
ଲୋଡ଼ା ହୁଅନ୍ତି ଈଶ୍ୱର
ମଝି ନଈରୁ ଆଉ
ବାହାରି ନ ପାରିବାର
ଶେଷ ଶବ୍ଦ ଶୁଣିଲା ପରେ ହିଁ
ଖୋଜା ହୁଅନ୍ତି ଈଶ୍ୱର ।

ଈଶ୍ୱର ମନେପଡ଼ନ୍ତିନି
ମୃଗୁଣୀକୁ ଚାରିଦିଗରୁ
ମୃତ୍ୟୁ ନ ଘେରିବା ଯାଏଁ
ଗଜରାଜର ସବୁ
ପରାକ୍ରମ,
ବ୍ୟର୍ଥ ନ ହେଲା ଯାଏଁ
ଈଶ୍ୱର ମନେପଡ଼ନ୍ତିନି

ଦ୍ରୌପଦୀର ନଖ ଅଗରେ
ଶେଷ ନିର୍ଯ୍ୟାସ
ଟିକକ ଥିବା ଯାଏଁ।

ତଥାପି ସେଇ ଶେଷ ମୁହୂର୍ତ୍ତର
ଆଦ୍ୟ ଡାକ ହେଇ
ଉଭା ହୁଅନ୍ତି ଈଶ୍ୱର
ଯେମିତି
ସକଳ ପ୍ରତିଶ୍ରୁତିର
ସେ ହିଁ ଅନ୍ତିମ ସ୍ୱାକ୍ଷର।

ସତ୍ୟାଗ୍ରହ

ସତ୍ୟ ଅସତ୍ୟର
ଆଗ୍ରହ ଅନାଗ୍ରହର
ଦୋ ଛକିରେ
ସତ୍ୟାଗ୍ରହର ଅସ୍ତିତ୍ୱ
ଅନୁଭବି ହୁଏ
ସତ୍ୟାଗ୍ରହ ବିରୁଦ୍ଧରେ
ଆସୁଥିବା ଅନାସ୍ଥା ପ୍ରସ୍ତାବ
କି ମାତ୍ରକ
ଖଣ୍ଡିଏ ଭୋଟ୍‌ରେ
କାଟ୍ ଖାଇଯାଏ ।

ନିଜ ଅସ୍ତିତ୍ୱର ଜାହିର୍ ପାଇଁ
ସେଇ ଗୋଟିଏ
ଭୋଟ୍ ହିଁ ଯଥେଷ୍ଟ
ସତ୍ୟ ଲାଗି ତ ଟିକିଏ
ଅନ୍ତରଙ୍ଗ ଆଗ୍ରହଟେ ଲୋଡ଼ା,
ଶତଶତ ଅନାଗ୍ରହର
ଗଣତି ଜମାରୁ
ଲୋଡ଼ା ହିଁ ନ ଥାଏ ।

ଶବ୍ଦକୋଷର ଶବ୍ଦରେ
ଅନୁଚ୍ଚାରିତ ଶବ୍ଦ 'ସତ୍ୟାଗ୍ରହ'
ଉଚ୍ଚାରିତ ହେଉଥାଏ
ମା' କୋଳ ଖୋଜୁଥିବା
ପିଲାର ଅଝଟ ପଣରେ

ଶାଶୁଘର ଯାଉଥିବା
ଭୁଆଶୁଣୀ ଝିଅର
ନିଟୋଳ ଲୁହରେ
ଋଣ ବୋଝରେ ଆଉଟୁପାଉଟୁ
ଚାଷୀର ଆତ୍ମହତ୍ୟାରେ
ଭୋଟ ବର୍ଜନ କରିଥିବା
ଗ୍ରାମବାସୀଙ୍କ
ନୀରବ ପ୍ରତିବାଦରେ ।

ଆତଙ୍କବାଦୀର ଜିହାଦ୍‌ରେ
ଲେଖାଥାଏ
ସତ୍ୟାଗ୍ରହର ସଂଜ୍ଞା
ଉଚ୍ଚପଦସ୍ଥ ପୁଅର
ବାପା ମା'ଙ୍କ ପାଇଁ
ଅଣ୍ଟାଳି ହେଉଥିବା
ଅତିକ୍ରାନ୍ତ ସମୟର
କପାଳରେ ଲେଖା
ସତ୍ୟାଗ୍ରହର ଭାଷା

ସତ୍ୟାଗ୍ରହ ଖାଲି ନୁହେଁ
ସତ୍ୟାଶ୍ରିତ ଗାନ୍ଧୀଙ୍କର
ଗୋଟାଏ ଈଶ୍ୱର
ସମଗ୍ର ଜୀବନ ମରଣର
ଚୌହଦୀରେ ସଜା ସତ୍ୟାଗ୍ରହ
ସବୁ ସତ୍ୟ ଆଉ ଅସତ୍ୟର
ଶେଷ ଯୋଗଫଳ
ସବୁ ଆଗ୍ରହ ଓ ଅନାଗ୍ରହର
ସମଷ୍ଟିର ବିଭାଜିତ
ଶେଷ ଭାଗଫଳ ।

■

ମୁଁ ପୁଲଓ୍ୱାମାରୁ କହୁଚି

ଧୀରେ ଧୀରେ
ସବୁକିଛି
ଶାନ୍ତ ହୋଇଯିବ
ମହମବତୀର
ଆତଙ୍କିତ ଲୁହ
ପଲ୍ଲୀରୁ ପୁରକୁ
ଆତଙ୍କବାଦୀର
ପୁତ୍ତଳିକା ଦାହ
ବନ୍ଦେ ମାତରମ୍ ଧ୍ୱନିରେ
ନିନାଦିତ
ଗଗନ ପବନ
ମୁଁ ମଲାପରେ
ଯେତେ ଯେତେ
ମର୍ଯ୍ୟାଦା ସମ୍ମାନ
ଧୀରେ ଧୀରେ
ସବୁକିଛି
ଝାପ୍‌ସା ହୋଇଯିବ ।

ଧୀରେ ଧୀରେ
ଅବୁଝା ଦିଶିବ
ପୁଲଓ୍ୱାମାର
ରାଜଦାଣ୍ଡରେ
ମୋ ରକ୍ତର ଦାଗ

ଧୀରେ ଧୀରେ
ଅସ୍ପଷ୍ଟ ଶୁଭିବ
ରାଜନେତାଙ୍କର
ପୁଳାପୁଳା
ପ୍ରୀତି ଅନୁରାଗ
ଧୀରେ ଧୀରେ ହୁଏତ
ପୃଥ୍ୱୀ, ଅଗ୍ନି, ବ୍ରହ୍ମୋସ୍‌ର
ଫାଇଲ ଫର୍ଦ୍ଦରେ
ଯୋଡ଼ା ହୋଇଯିବ
ଆଉ ଗୋଟେ
ସଫଳତାର
ଜୀର୍ଣ୍ଣ ଇସ୍ତାହାର
କେବେ ଦିନେ ହୁଏତ
ଖବର କାଗଜ ପୃଷ୍ଠାରେ
ଲେଖା ହେଉଥିବ
ଆତଙ୍କବାଦୀର
ଅନ୍ତିମ ସ୍ୱାକ୍ଷର ।

ମୋତେ ଭୁଲିଯିବାର
ନିଷ୍ଫଳ ପ୍ରୟାସ
କରୁ କରୁ
ଅନ୍ଧୁଣୀ ବୋଉ ମୋର
ବଳାଇ ରଖୁଥିବ
ମୁଠିଏ ପଖାଳ
ଲାଉ କଖାରୁର
ମନ୍ଦାକୁ ସମ୍ଭାଳୁ ସମ୍ଭାଳୁ
କାଉ ପାଇଁ
ବିଞ୍ଚି ଦେଉଥିବ
ମୁଠିଏ ଚାଉଳ

ଫୁଙ୍ଗୁଳା ହାତ ବେକ
ଦେଖି ଦେଖି
ବଞ୍ଚିବାର ଅଭ୍ୟାସଟା
ମୋ ପତ୍ନୀର
ଦେହସୁହା
ହେଇଯାଇଥିବ
ତଥାପି
ଜହ୍ନ ଉହାଡ଼ରେ
ଝର୍କା ଫାଙ୍କରେ
କାହାର ଛାଇକୁ ଦେଖି
ଚମକି ପଡ଼ିବାର
ଅଭ୍ୟାସଟା
ଏବେବି
ସେମିତି ଥିବ।

ବାପା ଜାଣିଛନ୍ତି
ସମସ୍ତ ବାରଣ ସତ୍ତ୍ୱେ
ଜୋତା ପିନ୍ଧି
ଘରସାରା ବୁଲୁଥିବା
ପୁଅ ଆଉ ଫେରିଆସି
ପାଦ ଛୁଇଁବନି
ମିଠେଇ ଖେଳନା ଧରି
ମକର ଯାତରୁ –
ପିଲାମାନେ ଜାଣିଛନ୍ତି
ଆଉ କେହି ସେମାନଙ୍କୁ
ଚମକାଇବନି,
ତଥାପି ବାପାଙ୍କ
ଲୁହା ଟ୍ରଙ୍କରେ
ଏବେ ବି ସାଇତା ଥିବ

ମୋ ପୁରସ୍କାର
ସମ୍ମାନ ସନ୍ତକ
ମୋ ଝିଅର
ପଢ଼ା ଟେବୁଲରେ
ଏଯାଏଁ ବି
ଶୋଭା ପାଉଥିବ
ମୋ ସ୍ମୃତିର
ଚେନାଏ ସ୍ତବକ ।

ଧୀରେଧୀରେ ହୁଏତ
ଆଉ ଗୋଟେ
ପି.କେ. ସାହୁ ଅବା
ମନୋଜ ବେହେରାର
ରକ୍ତରେ ଆହୁରି
ଗାଢ଼ ହେବ ତ୍ରିରଙ୍ଗାର
ସବୁଜ କେଶରୀ ରଙ୍ଗ
ପ୍ରେମ ଓ କବିତାର ଋତୁକୁ
ଛାରଖାର କରି
ହୁଏତ ଥାପନା ହେବ
ଆଉ ଗୋଟେ
ଶୀତଳ ସଂସ୍କୃତି

ମୋତେ ସଜେଇ
ବୁଝେଇ ଦେଇ
ଶହୀଦ୍ ବେଶରେ
ଧୀରେ ଧୀରେ
ଦେଶ ମୋର
ଶୋଇଯାଇଥିବ,

ଲହୁ ଲୁହ ଫେଣ୍ଟାଫେଣ୍ଟି
ଆତ୍ମା ମୋର
ପୁଲଓ୍ୱାମାର
ରକ୍ତଭିଜା ଗର୍ଭଚିରି
ସାର ରାତି
ଦେଶ ପାଇଁ
ଉଜାଗର ଥିବ।

■

କାଠଗଡ଼ାରେ ଈଶ୍ୱର

ନିର୍ଭୟା ପାଇଁ ନ୍ୟାୟ !!
ତୁଚ୍ଛା ଆଶ୍ୱାସନା
ନା ମିଛ ପ୍ରହେଳିକା ?
ରକ୍ତ ମାଂସର ଯୂପ କାଠିରେ
ଲହୁ ଲୁହାଣ ହେଇ
ଜଳୁଥାଏ
ନିର୍ଭୟାର ସ୍ୱର
ଆକୁଳ ଆତୁର
ଆରପଟେ
ନିର୍ବାପିତ ନିଃସହାୟ
ରୁଦ୍ଧ ସିଂହଦ୍ୱାର ।

କାଲି ଯାଏ
ସୁନା କୁଲେଇ ଧରି
ରୂପା ଚାନ୍ଦ ଲାଗି
ଅଝଟ କରୁଥିବା ତଅପୋଇ
ପାଲଟିଚି ଗୋଟେ
ଇତିହାସର କରୁଣ ଅଧ୍ୟାୟ
ଚାନ୍ଦିନୀ ଚୌକର ଚା କପ୍‌ରେ
ହିଂସା ପ୍ରତିହିଂସାର
ଶାଣିତ ଅକ୍ଷର
ଫୁଲରେ ପତ୍ରରେ
ନଈ ତୁଠ

ପଥର ଉପରେ
ପ୍ରଳୟର
ରକ୍ତିମ ସ୍ୱାକ୍ଷର।

ନିଜ ଖୋଲା କେଶ ଲାଗି
ଗଜରାଟେ ଗୁନ୍ଥି
କାଲି ହୁଏତ
ଅପ୍‌ସରାଟେ ଆଗୁଳିବ
ଜୟ ବିଜୟର ଦ୍ୱାର
ଏକ ରାତି
ସାତ ରାତି ହେବ,
କଂସ ହାତୁ ଖସିଯାଇ
ଯୋଗମାୟା
ଆକାଶେ ହସିବା
ସତ ଯଦି ଅର୍ଜୁନରୁ
ବୃହନ୍ନଳା ପାଲଟିବା
ତେବେ
ହେ ଈଶ୍ୱର !
ରାତିଟିଏ ଲାଗି
ସମସ୍ତ ପୁରୁଷ
ପାଲଟନ୍ତୁ ବୃହନ୍ନଳା
ରଙ୍ଗ କକ୍ଷେ ଚାଲୁଥାଉ
ଅହରହ
ଗାଉଣା ବାଜଣା
ଆକାଶ ପରି
ଛୁଇଁଯାଉ ପୃଥିବୀକୁ
ଖାଲି ଏକା ନିର୍ଭୟାର
ନ୍ୟାୟର ସ୍ୱାକ୍ଷର।

■

ରାତି ପାହିବା ଆଗରୁ ଗାଇଥିବା ଗୀତ

ଦିନ କି ରାତିର
ହିସାବ ମୋ ପାଇଁ
ସେଇଦିନୁଁ
ସରିଯାଇଥିଲା
ଯେଉଁଦିନ
ରାଜଧାନୀର ରାସ୍ତାରେ
ସ୍ୱପ୍ନ ହଜେଇଦେଲା
ନିର୍ଭୟା
ପଛରେ ଛାଡ଼ିଗଲା
ବୋହୂଚୋରି ଖେଳ
କଣ୍ଢେଇର ସ୍କର୍ଟ୍ ଫ୍ରକ୍
ହୀରାର କଙ୍କଣ,
ଆଜିକାଲି
ଡାହାଣୀ ପରି
ଗୋଡ଼ାଉଥାଏ ରାତି
ନିଜ ଛାଇ
ଚମକାଇଦିଏ
ବର୍ଷ ମାସ ଦିନ

ରାତି ଏଠି ଆସେନି
ତାରାମାନେ
ପାଲଟୁଥା'ନ୍ତି
ବୁନ୍ଦା ବୁନ୍ଦା ରକ୍ତ

ଜହ୍ନର କଳଙ୍କ ହେଇ
ଉଙ୍କିମାରେ
କେଉଁ ଏକ
କାମୁକ ପୁରୁଷ।

ସାତ ବର୍ଷ ହେଲା
ଦାଣ୍ଡବାରି ଅଗଣାରେ
ମୁଁ ଆଉ ଖେଳିନାଇଁ
ରଙ୍ଗର ଅବିର
ଜାଳିନାଇଁ
ମଙ୍ଗଳ ଆଳତୀ
କାହା ପତରରେ
ପରଷି ଦେଇନି
ଭାତ ଶାଗ
ମାଛ ତରକାରୀ
ବର୍ଷ ପରେ ବର୍ଷ
ନିର୍ଭୟାର ରକ୍ତର ଚାଦର
ରଖିଚି ମୁଁ
ତା' ସ୍ମୃତିରେ
ଏବେ ବି ସାଇତି।

ମୁଁ କେଉଁଠି
ଛାଡ଼ି ଆସିଚି
ଯୂଇ ମଲ୍ଲୀ କନିଅର
ମତୁଆଲା ଗନ୍ଧ
ମୋ ହାଣ୍ଡିଶାଳ
ପୂଜାପାଠ
ସୂକ୍ଷ୍ମ ଅନୁଭବ
ମୋ ଝିଅର

ବହି ଖାତା
ପାଉଁଜି ଅଳତା
ମୋ ମାତୃତ୍ୱର
ଆର୍ଦ୍ର ଆର୍ତ୍ତନାଦ।

ମାଘ ମାସ
ଶୀତୁଆ ସକାଳ
କୋଇଲିର ମିଠା
କୋଳାହଳ
ନିର୍ଭୟାର
ଗୋରା କପାଳରେ
ଗାଢ଼ କଜ୍ଜଳର ଗାର
ମୋ ପାଇଁକି
ଇତିହାସ
ଆଜି ସେ
ଇତିହାସ ବି ମୁଁ
ପାଶୋରି ଦେଇଚି
ମୁଁ ନିଷ୍ପାପ-
ନିର୍ଭୟା ମା
କାରାରେ କଏଦୀ ପରି
ଜିଇଚି ମରିଚି।

ମୋ ଆୟୁଷରୁ
ସାତବର୍ଷ
କାଢ଼ି ନେଲା ପରେ
ଆଜି ମୋ ବାଡ଼ି
ଚମ୍ପା ଗଛରେ
ମୁକୁଳି ଆସୁଚି
କଢ଼ିର ସମ୍ଭାର

ମୋ ଝର୍କାର
ରେଲିଂ ଦାଢ଼ରେ
କିଏ ଜଣେ
ଉଡ଼ାଇ ଦଉଚି
ନାଲିଆ ଓଢ଼ଣୀ
ବଗିଚାରେ ଦଉଡ଼ୁଚି
ଧରିବାକୁ
ନୀଳ ପ୍ରଜାପତି
ଏତେ ଦିନ ପରେ
ମୁଁ ପୁଣି ଦେଖୁଚି
ନିଦଭରା
ଉଦାସିଆ
ତାରାଭର୍ତ୍ତି ରାତି ।

କବିର ମୃତ୍ୟୁ

ଏଥର ଖୋଲିଦିଅ
କାରାଗାରର ବନ୍ଦଦ୍ୱାର
ଅପସାରି ଦିଅ
ରାତିର ଚତୁର୍ଥ ପ୍ରହର ଯାଏଁ
ଚେଇଁଥିବା ଜାଗ୍ରତ ପ୍ରହରୀ
ଦେଖ, କେମିତି ଲୋଟି ଯାଉଚି
ଭୂଇଁରେ ରସିକ କବି
କାଢ଼ିଦେଇ ଅଙ୍ଗବସ୍ତ୍ର
ମେଦ ମାଂସ ଅସ୍ଥି ମଜ୍ଜା
ଖରାବେଳ,
ଶୀତର ଲହରି ।

ଶୋଇବା ଆଗରୁ
ଆର୍ତ୍ତନାଦ କରୁଥିଲା କବି
ହାତରେ ଉଠାଇବାକୁ
ଗୋଟେ ଝରା ଗଙ୍ଗଶିଉଳି
ଫିକା ଜହ୍ନରାତି
ଘରମୁହାଁ ପକ୍ଷୀଙ୍କର
ଘୁମନ୍ତ କାକଳି ।

ଜ୍ଞାତି ପରିବାର ମିଶି
ଖୋଜୁଥିଲେ
ଶେଷ ଇଚ୍ଛାପତ୍ର

କାହା ପାଇଁ
ଛାଡ଼ିଥିବ କବି
ଲକ୍ଷ ଲକ୍ଷ ପୁରସ୍କାର ରାଶି
ଜମିବାଡ଼ି ଉତ୍ତରାଧିକାର
କେଉଁଠି ତ ଥିଲା ନିଶ୍ଚେ
ଗୁପ୍ତରେ ପ୍ରେମିକା
କବିର ଯେତକ ଇଚ୍ଛା
ଯେତେ ଆଶା
ଆକାଙ୍‌କ୍ଷାର ଫଳ
ପ୍ରେମିକା ବି
କରୁଥିଲା କରାଘାତ
ବେଳ ଅବେଳରେ
ଯେମିତିକା
ତା'ର ଗୋଟାପଣେ
ପ୍ରବେଶାଧିକାର ।

ଛିନ୍ନଭିନ୍ନ
ହେଇଯାଉଚି
ଇଚ୍ଛାପତ୍ର
ବିଦୀର୍ଣ୍ଣ ହେଇଯାଉଛି
ଅବାଞ୍ଛିତ ଇଚ୍ଛା
ଜ୍ଞାତି କୁଟୁମ୍ବର,
କବିର ଦଲିଲ୍ ଗୋଟେ
ସଫେଦ୍ କାଗଜ
ସେଇ ତା'ର
ଶେଷ ଇସ୍ତାହାର ।

ନିଃସଙ୍ଗ ଉପବନ

ଏ ଯାତ୍ରାର ଶେଷ କେଉଁଠି ?
ବଳି ଦେଇ ସାରିଲା ପରେ
ଦେହରୁ ଉତାରି ଦେଇ
ପଳପଳ ରକ୍ତ ମାଂସ
ଅସ୍ଥି ମଜ୍ଜା ତୁଚ୍ଛ ଅହଂକାର
ଆଉ କ'ଣ ବାକି ରହିଲା ଯେ
ମୁଁ ଚାଲୁଥିବି ରାସ୍ତା
ଏକା ଏକା !

କେଉଁଠୁ ଖୋଜି ଆଣିବି
ଯଜ୍ଞରେ ଆହୂତି ଲାଗି
ଯୂପକାଠ, ପୂଜିବାକୁ
ତୁଳସୀ ଚନ୍ଦନ
କରିବାକୁ ସନ୍ଧିର ଘୋଷଣା
କେଉଁଠୁ ପାଇବି ଗୋଟେ
ଶଙ୍ଖ ପଞ୍ଚଜନ୍ୟ ?

କରିବାକୁ ମୋ ଅନ୍ଧାରିଆ
ରାସ୍ତା ଆଲୋକିତ
କେଉଁଠୁ ପାଇବି ଟିକେ
ଜହ୍ନର ରୋଷଣୀ ?
ମାଳମାଳ ତାରାର
ଗଜରା ଗୁନ୍ଥି

କିଏ କ'ଣ ଚାହିଁଥିବ ?
ଖୁଦ ଟିକେ ବିଞ୍ଚିଦେଇ
କୁଆକୁ ଅନେଇ ଥିବ ?
ନୀଳ ଆକାଶ ଛାତିରେ
ଲେଖିଥିବ ସ୍ୱାଗତ ସଙ୍ଗୀତ !!

ମୁଁ କାହିଁକି ଯେ ରାସ୍ତା ଚାଲୁଥାଏ ?
ପୂର୍ଣ୍ଣାହୂତି ଦେଲା ପରେ
ଆଉ କ'ଣ ଲୋଡ଼ାହୁଏ !

■

ଅସ୍ତରାଗର ସୂର୍ଯ୍ୟ

ମୁଁ ଏମିତି ପଛକୁ ଅନାଇଥାଏ
କୁଳୁକୁଳୁ ନଈଟିଏ
ପାରିହେଲା ପରେ
ପାଦ ଟିକେ ଥାପିବାକୁ
ମୁଁ ଟିପେ ଧୂଳି
ଖୋଜି ହେଉଥାଏ ।

ମୋ ଧୂଳିଧୂସରିଆ
ପଣତ ଉହାଡ଼େ
ମୁଁ କେବେ ଗାଏ ବସି
ରଜଦୋଳି ଗୀତ
ବିଶ୍ୱାସର ପୁଟ ଦେଇ
ମୁଁ କେବେ ରଚୁଥାଏ
ହଳଦିଆ ଜହ୍ନିଫୁଲ କୋଠି
ଘରମୁହାଁ ଲୋକଙ୍କର
ଚିତ୍କାର ଭିତରେ
ମୁଁ ତଥାପି
ସାଉଁଟୁଥାଏ
ମୃଦୁ ଶଙ୍ଖଧ୍ୱନି
ଚିକ୍‌ଚିକ୍ ଆଲୁଅ ଭିତରୁ
ଖୋଜିହୁଏ
ଅନ୍ଧାରିଆ ରାତି
ହିଂସା ଆତଙ୍କର

ଉଆସ ଭିତରୁ
ଧୂପ ଦୀପ କର୍ପୂର ଆରତୀ।

ମୋ ଅଣ୍ଟିରେ
ଲୁଚେଇ ଆଣିଚି
କେରି କେରି ନାଲି କୃଷ୍ଣଚୂଡ଼ା
ଗାଈଜଗା ପିଲାଟିର
ନିରଳସ ଗୀତ
ଗାଈ ଗୋଠ
ଝୁଲଣ ଯାତରା
ସବୁ ମୋର
ନିଦୁଆ ଆଖିରେ
ଆଜିଯାଏ
ସମ୍ଭାଳି ରଖିଚି।
ଥରଟିଏ ଇଶାରା ଦେଲେ ହିଁ
ମୁଁ ରାସ୍ତାସାରା ବୁଣିଦେବି
ରଜନୀଗନ୍ଧାର ଫୁଲ
ଶାଣଦିଆ ପାଲିସ କାନ୍ଥରେ
ଆଙ୍କିଦେବି
ମାଟ କଉଡ଼ିରେ
ଗୋଟେ ଷଠୀଘର
ମୋ ଆମ୍ବବଣ ତାଳଗଛ
ଦଣ୍ଡିକିରୀ ମାଛ
ମୋ ସ୍ମୃତିର ଇଲାକାରେ
ଦିକ୍ ଦିକ୍ ଦିଶେ ଗୋଟେ
ରୂପାର ପାବଚ୍ଛ।

■

ବେସୁରା ସାହାନାଇ

ହାତରେ ସଜାଡ଼ି ଗୋଟେ
ଭୂଗୋଳର ନକ୍‌ସା
ଝିଅଟିଏ ଖୋଜୁଥିଲା ଧୂଳିଘର
ତା ହଜିଲା ସ୍ମୃତିରେ ସାଇତା,
ଏଇଠି ଥିଲା ଗୋଟେ
ଝାମି ମାଟି ରଜାର ଉଆସ
ବାଡ଼ିଆଡ଼େ କିଆ କେତକୀ ବଣ
ଅଗଣାରେ ସେବତୀ ଶେଫାଳୀ
ବାଜିଗଲେ ଶଙ୍ଖଘଣ୍ଟା
ଦେଉଳ ଦୁଆରେ
ପାରାଟିଏ ଗାଉଥିବ
ଗୁମୁରି ଗୁମୁରି ।

ଦିନେ ଏଠି ଥିଲା ଗୋଟେ
ରୂପାର ଗାଧୁଆ ତୁଠ
ଆକାଶରେ ରୂପାଜହ୍ନ
ପାଦତଳେ ସୁନାର
ସବୁଜ କ୍ଷେତ
ତେଲଗିନା ହଳଦୀ କାଠୁଆ
ଥିଲା ଏଠି ମୁଗ ଛୁଇଁ
ପୋଇଶାଗ ଭର୍ତ୍ତି ଯେତେ
କୁଲା ବାଉଁଶିଆ
ଚିକ୍କଣିଆ ମାଟିଆ କାନ୍ଥରେ

ଝୁଲୁଥିବ ନିତି ଗୋଟେ
ଆରିଷି ପାନିଆଁ।

ସାତ ତାଳ ପାଣି ତଳୁ
ନାଲି କଇଁ ଫୁଟିବାର
ଅପୂର୍ବ ସମ୍ଭାର
ମହମହ ସଞ୍ଜବେଳ
ଦାଣ୍ଡ ଅଗଣାରେ ଥିଲା
ହେନା କନିଅର।

କେଉଁଆଡ଼େ ହଜିଗଲା ?
ଦରଭିଜା ଛାତତଳୁ
ନକ୍ସା ଖୋଜି
ଝିଅଟିଏ ଆଉଥରେ
ଖୋଜି ହେଉଥିଲା।

ଜୀବନର ଲହୁଲୁହାଣରେ
ବଦଳିଯାଇଚି ନକ୍ସା
ଶୁଖିଯାଇଚି ଝଙ୍କା ଆମ୍ବଗଛ
କୋଶିଲା କିଆରୀ
ମୁହଁ ସଞ୍ଜ ଗୋଧୂଳି ବେଳାରେ
ଝିଅଟି ବାହୁନିଥିଲା
ସହରର ଛାତିକୁ ଆବୋରି।

■

ଆତ୍ମହତ୍ୟା

କିଏ କହେ
ମୋ ମୃତ୍ୟୁ ପାଇଁ
କେହି ଦାୟୀ ନୁହଁ ?
ଦାୟୀ ତ ସେ ସମସ୍ତେ
ଯିଏ ମୋ ମଥାନରୁ
କାଢ଼ି ନେଲା
ଚନ୍ଦ୍ରଉଦିଆ ଜହ୍ନ
ପାଦରୁ ଖସାଇଦେଲା
କଅଁଳ କାଉଁଦା ମାଟି
ମାଗି ନେଲା
ଚମ୍ପା ଛୁରିଅନା
ଯାଚି ଦେଲା ଆଞ୍ଜୁଳାରେ
ରକ୍ତ କନିଅର,
ସେ ସମସ୍ତେ ଦାୟୀ
ମୋ ମୃତ୍ୟୁ ପାଇଁ।

କହିବି କହିବି ହେଇ
ଆଜିଯାଏ ରଖିଚି ସାଇତି
ଅନ୍ତିମ ସ୍ୱାକ୍ଷରଟିଏ
ଛାଡ଼ିଯିବି
ତା ପାଇଁ କି ଛାଡ଼ିଯିବି
ଯେତେ ମୋର
ଅହଂ ଅଭିମାନ

ଅଧାଗଢ଼ା ଘର
ଆଉ ଅବାଞ୍ଛିତ ସ୍ୱପ୍ନ
ଜୀବନ ତମାମ୍
ସତକୁ ରଖିଚି ଢାଙ୍କି,
ଆଜି ଯିବା ଆସିବାର
ଅନ୍ତିମ ଘଡ଼ିରେ
କହିବାର ଦୁଃସାହସ
ଆଣିଚି ସାଉଁଟି,
ଥରେ ଶେଷ ପାହାଚରେ
ପାଦ ରଖିଦେଲେ
ଆଉ ଭୟ କାହାପାଇଁ
ସତ କହିବାକୁ ଲୋଡ଼ା
ଶବ୍ଦହୀନ ଆକାଶର
ନିଃଶବ୍ଦ ଇଶାରା ।

କେମିତି କହିବି ତେବେ
କେହି ନୁହେଁ ଦାୟୀ ବୋଲି ?
ପକ୍ଷୀର ଡେଣାକୁ କାଟି
ଯିଏ ଦିନେ ତିଆରିଲା
ସୁନାର ପଞ୍ଜୁରୀ
ଫୁଲରୁ ସୁଗନ୍ଧ ନେଇ
ଯିଏ ଛାଡ଼ିଗଲା ଜିଇବାକୁ
ଇଟାପଥରର
ଟାଆଁସ ଚଟାଣ
ସେ ସମସ୍ତେ ଦାୟୀ
ମୋ ମୃତ୍ୟୁ ପାଇଁ ।

ନହେଲେ
ବିନା ଦାୟରେ କି

କେହି କେବେ
କରେ ଆତ୍ମହତ୍ୟା ?
କେଉଁଠି ନା କେଉଁଠି
କେହି ଜଣେ ଅହରହ
ତା ଆତ୍ମାକୁ ଲୁଚୁଥାଏ
ଆତ୍ମାହୀନ ଶରୀରଟା
ଶେଷଥର ପାଇଁ
ମୃତ୍ୟୁକୁ ଆଦରି ନିଏ ।

ସବା ପଛ ମଣିଷ

ଧାଡ଼ିର ସବା ପଛ ମଣିଷଟିକୁ
କେବେ ନିଘା କରିଚ ?
ଉତ୍ତାଳ ଆବେଗକୁ ନେଇ
କେମିତି ବାରମ୍ବାର
ସବୁଠୁ ଆଗ ଦୁଆରେ
କୁଠାରଘାତ କରୁଥିବ
ଟିପେ ଟିପେ ଘୁଞ୍ଚି
ଆଗରେ ପହଞ୍ଚିବା ବେଳକୁ
ରିଲିଫ୍ ବସ୍ତାରେ
ଝାଳ ମିଶା ଚାଉଳ ମୁଠାଏ
ପଡ଼ିରହିଥିବ
କାଉଣ୍ଟରରେ ଖତେଇ ହେଉଥିବ
ଲଞ୍ଚ ଟାଇମ୍‌ର
ମୃଦୁ ଇସ୍ତାହାର
ମନ୍ଦିରରେ ହେଉଥିବ
ପହଡ଼ ପଡ଼ିବାର ବେଳ ।

ଠେଲିପେଲି ହେଇ
ଆଗକୁ ପହଞ୍ଚିବାର
ଚାତୁରୀ ତା ପାଖରେ ନ ଥିବ
ଅଥଚ, ଅପେକ୍ଷାର ଘଡ଼ି
ସରି ସରି ଆସୁଥିବ

କୈଫିୟତର ଶବ୍ଦସବୁ
ଅର୍ଥହୀନ ହେଇ
ଧୂଳିରେ ଲୋଟୁଥିବ
ସବା ପଛ ମଣିଷର
ବିଫଳତା ତାଲିକାରେ
ଆଉ ଗୋଟେ ଫର୍ଦ୍ଦ
ଯୋଡ଼ି ଯାଇଥିବ ।

ଭୋକର ଇସ୍ତାହାର

ଆକାଶରୁ
ଝରି ପଡୁଥିଲା ନିଆଁ
ବରଫ ପାଲଟି ଯାଇଥିଲା
ଜହ୍ନ ରାତି
ବାଉଳି ଚାଉଳି ହେଉଥିଲା
ମହାମାରୀ ମୃତ୍ୟୁ
ଇଲେକ୍‌ସନ୍‌ର
ଭୋଟ ଗଣତି ।

ଦେହରୁ ଉତାରି ଦେଇ ଆତ୍ମା
ଭୋକରେ ଆଉଟୁ ପାଉଟୁ
ହେଉଥିଲା କୋକେଇ
ବିଶ୍ୱାସର ଶାଳଗ୍ରାମ
ପାଲଟି ଯାଉଥିଲା
ନିର୍ଜୀବ ପଥର
ଜିଇଁବାର ରାହା
ଯାଚି ଦେଉଥିଲା
ଅଇଁଠା ପତର ।

ଅଗତ୍ୟା ପଲ୍ଲୀଟିଏ
ବିଖ୍ୟାତ ହେଇଯିବାର
ବିଶ୍ୱାସରେ
ଭାଙ୍ଗିପଡୁଥିଲା

ଜରି ପୋଷାକ ପିନ୍ଧା
ଗନ୍ଧର୍ବଟିଏ
ରୂପାନ୍ତରିତ ହେଉଥିଲା
ଲଙ୍ଗଳା ଛୁଆରେ
ଇତିହାସ ହୋଇ ସାରିଥିଲା
ସୁଦାନ
ଭାରତର ଇତିହାସ
ଲେଖା ହେଉଥିଲା
କୋଇଡ଼ା ମାଟିରେ ।

■

ଅଦିନ ମେଘ

ସେଦିନ ବି ବର୍ଷା ଆସିଥିଲା
ନେସି ଦେଇ ଯାଇଥିଲା
ସୋରିଷ କ୍ଷେତରେ
ହଳଦିଆ ରଙ୍ଗ
ଲିଭିଯାଇଥିବା ସଞ୍ଜବତୀର
ପୋଡ଼ା ପୋଡ଼ା ଗନ୍ଧ
ଘରମୁହାଁ ଘରଚଟିଆର
କିଚିରି ମିଚରି ଶବ୍ଦ
ଝଡ଼ିଯାଇଥିବା ଗଙ୍ଗଶିଉଳିରେ
ଭରିଦେଇ ଅସୁମାରୀ
ସ୍ୱପ୍ନର ସୁଗନ୍ଧ ।
ଆଉଦିନେ ବର୍ଷା ଆସିଥିଲା
କିଆ କେତକୀର
ନିଟୋଳ ବଣରେ
ସାରୁ ପତରର
ଢଳଢ଼ଳ ପାଣି
ଚକୋରୀର ଆକୁଳ ବିଶ୍ୱାସ
ଧାନ ଖଳା
କଖାରୁ ମନ୍ଦାରେ ।

ଆଜି ବି ଆସିଚି ବର୍ଷା
ହେଲେ, ମୁଁ ଛାଡ଼ି ଆସିଚି
କାଗଜକୁ ସାଉଁଳେଇ ଦେଇ

ଡଙ୍ଗାଟିଏ ବନେଇ ଦେବାର
କଅଁଳିଆ ହାତ
ପାଶୋରି ଦେଇଚି
ପହିଲି ବର୍ଷାରେ ଭିଜା
ଫୁଙ୍ଗଳା ଦେହର
ସରଳ କୁହୁକ
ମୁଁ ଭୁଲିଯାଇଚି
ଇନ୍ଦ୍ରଧନୁ ରଙ୍ଗ ନେଇ
ଛିଟ ଫ୍ରକ୍‌ଟିଏ ପିନ୍ଧିବାର
ନିରୀହ ବିଶ୍ୱାସ ।

ସୁରୁଜର ଲୁଚକାଳି ଖେଳ
ନୀଳକଇଁ ନାଚୁଥିବ
ଗଡ଼ିଆରେ ଦୋହଲି ଦୋହଲି
ବରଷା ଆସିଚି ଆଜି
ନିଦାଘର ତାପ
ମୋର ଦେହ ସାରା
ରଖିଚି ଜାବୁଡ଼ି ।

■

ଯୋଡ଼ ହସ୍ତେ ପ୍ରକୃତି

ଦିନେ ଏଠି ଗୋଟେ
ଉଜ୍ଜ୍ୱଳ ନକ୍ଷତ୍ର ଥିଲା
ଜଳମଳ ରୋଷଣୀରେ
ଝଲସି ଉଠୁଥିଲା ରାତି
ଫଗୁଣର ମହକରେ
ରମି ଯାଉଥିଲା
ଡହଡହ ଖରା ତାତି
ଯୂଇ ହେନାର ଗନ୍ଧରେ
ପୁଷ୍ପବତୀ ହେଉଥିଲା
ସଜଳ ଧରିତ୍ରୀ ।

ମୋ ରାସ୍ତାର ନଈଧାରେ
ତୁମେ ଦିନେ ଗଢ଼ିଦେଲ
ପଥରର ସୁଉଚ୍ଚ ପ୍ରାଚୀର
ଶାଳଭଞ୍ଜିକାର
ସୁଠାମ ଦେହରେ
ନାନା ଯନ୍ତ୍ରପାତି
କ୍ଷତବିକ୍ଷତ ହେଇ
ପଡ଼ିରହିଲେ ଈଶ୍ୱର
ରକ୍ତାକ୍ତ ହେଇ
ଝଡ଼ିପଡ଼ିଲା
ମୟୂରର ନୀଳ
ବାଇଗଣି ପର ।

ମୁଁ ହେଲେ
ବିଛାଇଥା'ନ୍ତି
ସାରା ଅଗଣାରେ
ଘାସର ଗାଲିଚା
ମୁକ୍ତ କରିଦେଇଥା'ନ୍ତି
ପଞ୍ଜୁରୀ ଭିତରେ ବନ୍ଧା
କଥା କୁହା ଶାରୀ
କୁନି କୁନି
ହାତ ପାପୁଲିରେ
କୁଆପଥରରେ ଧରିବାର
ଅପୂର୍ବ ପୁଲକ !
ସେଦିନ ହୁଏତ
କଜଳପାତିର
ଲାଗିଥା'ନ୍ତା
କୃଷ୍ଣଚୂଡ଼ା ରଙ୍ଗ
ସମୁଦ୍ର ଶୁଣାଉଥା'ନ୍ତା
ଲୁଲାବାୟା ଗୀତ,
ଅରଣ୍ୟ କରୁ ନ ଥା'ନ୍ତା
କରୁଣ ବିଳାପ
ଶିଶୁର କୁଆଁ ରଡ଼ିରେ
ଆଉ ନ ଥା'ନ୍ତା
କରୋନାର
କରୁଣ ଆତଙ୍କ ।

ପ୍ରାୟଶ୍ଚିତ୍ତ ଲାଗି
ମୁଁ ଏଥର ନେଇଛି
ଅଜ୍ଞାତ ବାସ
ଭୂମିଷ୍ଠ ହେବାକୁ ଥିବା

ନବ ଜାତକର ଲାଗି
ଛାଡ଼ି ଯାଉଚି
ନୀଳ ପ୍ରଜାପତି
ଭୁଆଶୁଣୀ ବେଣୀ ଲାଗି
ଅଯୁତ ଗଜରା
ହଳଦୀବସନ୍ତ ଡେଣାରେ
ଆକାଶକୁ ଲଂଘିବାର
ଅଦମ୍ୟ ବିଶ୍ୱାସ
ମଧୁମାଳତୀର ଗନ୍ଧରେ
ଗୋଲାପୀ ଆଶାର
ଗୁପ୍ତ କୋଳାହଳ
ତୁମ ପାଇଁ ବାଢ଼ିବାକୁ
ମୋ ଜିଇବାର
ସବୁ ଅଙ୍ଗୀକାର ।

ପ୍ରତିବଦଳରେ
ତୁମ ଅସମାପ୍ତ ଆୟୁଷରୁ
ମୋ ପାଇଁକି କାଢ଼ିଦିଅ
ଗୋଟିଏ ମୁହୂର୍ତ୍ତ
ସେ ମୁହୂର୍ତ୍ତରେ ଆଙ୍କିଦିଅ
ଆକାଶର ନୀଳରଙ୍ଗ
ସମୁଦ୍ରର ଉତ୍ତାଳ ତରଙ୍ଗ
ତୁମ ଶହ ଶହ
କାବ୍ୟ କବିତାରୁ ଶବ୍ଦଟିଏ
ମୋ ନାଆଁରେ ଲେଖିଦିଅ
ଦେଖ, ମୁଁ କେମିତି
ଭାଙ୍ଗିଦେଉଚି ମୋ
ଅଜ୍ଞାତବାସ

ମୋ ପଣତ ତଳେ
ଲୁଚାଇ ରଖୁଚି
ମହାଯାତ୍ରା ସମୟର
ହଳଦିଆ ଦୁଃଖ ।

ମୁଁ ପ୍ରକୃତି
ମୁଁ ଜନନୀ ମୁଁ ଧରିତ୍ରୀ
ଆଉ ଯେତେ
ଲୁହ ଶୋକ
ଦୁଃଖ ଅପ୍ରମିତ
ମୁହୂର୍ତ୍ତଟେ
ଆଖି ଖୋଲିଦେଲେ
ସବୁ ଅସ୍ତମିତ ।

■

ତୋ କଥା ମନେ ନାଇଁ

ତୁ ଚାଲିଯିବା କେତେ ଦିନ ହେଲା ?
କେତେଦିନ ହେଲା ?
ତୋ ଅଷାଢ଼ ଦେହଟାକୁ
ସ୍ୱର୍ଗଦ୍ୱାରେ ଛାଡ଼ି ଦେବା ?
ସମୟର ଉଜାଣି ଢେଉରେ
ଗଡ଼ିଯାଏ ଦିନ
ଆଖି ସାମ୍ନାରେ
ଝଟକୁଥିବା ଦିନଗୁଡ଼ାକ
ପାଲଟିଯାଏ ସ୍ମୃତି ।

ମା' ହେଲା ପରେ
କୁଅଡ଼େ ବୁଝିହୁଏ
ମା' ଛାତିର କୋହ !

ହେଲେ, ଦେଖ ବୋଉ
ମୋ ଝିଅ ପାଇଁ ସାଜିଦେଇ
ସ୍ୱପ୍ନ ସାମିଆନା
ମୁଁ କେମିତି ପାଶୋରିଦିଏ
ତୋ ସବୁଜ ପଣତ
ମୋ ଧୂଳିଘର
ତୋ ଶାଗ ମାଛ
ଆମ୍ବୁଲ ପଖାଳ
ତୋ ହାତଗଢ଼ା କଉଡ଼ିରେ
ମୋ ଷଠୀଘର !

ତୁ ଯିବା କେତେ ଦିନ ହେଲା ?
ମାନ କରିବୁନି ବୋଉ
ମୁଁ ଜମା ହିସାବ ରଖିନି
ଅଥଚ,
କେତେଦିନୁଁ ମୁଁ ଆଉ
ଦେଖିନାଇଁ ଆକାଶରେ
ରଙ୍ଗର ବର୍ଣ୍ଣାଳୀ
କେବେଠୁଁ ଶୁଣିନି ଆଉ
ଘରମୁହାଁ ପକ୍ଷୀଙ୍କର
ଶବ୍ଦର କାକଳୀ,
ତୁ ଚାଲିଯିବା ପରେ
ମୁଁ ଆଉ ରଖୁନାଇଁ
ଏକାଦଶୀ ବ୍ରତ
ବର୍ଷାଭିଜା ଆକାଶ ଛାତିରେ
ମୟୁରୀର ନାଚ
ମୁଁ ଭୁଲିଯାଇଚି
ତୁଳସୀ ଚଉରାରେ
ଦେବାକୁ ଲୋଟାଏ ପାଣି
ଅଭିମାନ କରିବୁନି
ତୁ ଯିବା କେତେଦିନ ହେଲା
ମୁଁ ଜମା ତା'ର
ହିସାବ ରଖିନି ।

■

ପାଗଳ ପ୍ରୟାସ

ଖସି ପଡୁଥିବା
ତାରାକୁ ସାକ୍ଷୀରଖି
ମୁଁ ଦିନେ
ମାଗିଲି ଗୋଟେ
କୁଆଁର ପୁନେଇଁ ଜହ୍ନ
ଧୋଇ ଦେବାକୁ
ମୋ ହିଂସା ଅସୂୟାର
ଅନ୍ଧାରିଆ ରାତି
ସେ ରାତିସାରା
ଦେଖିବାକୁ
କୃଷ୍ଣଚୂଡ଼ା ପରି ଗୋଟେ
ଛିଟ ଛିଟ ସ୍ୱପ୍ନ
ଝିଲିମିଲି ତାରାର
ରଙ୍ଗରେ ଆଙ୍କିବାକୁ
ଉଜ୍ଜ୍ୱଳ ପୃଥିବୀ
ମୁଁ ମାଗିଲି
କାଣିଚାଏ ସଫେଦ୍ କିରଣ
ଆଙ୍କିବାକୁ ଜୀବନର
ଶୁଭ୍ର ଜଳଛବି ।

ଖସି ପଡୁ ପଡୁ
ତାରା କହିଲା –
ତୁ ମାଗିଥା'ନ୍ତୁ
ଗୋଟେ ହେଲେ

ନାଲି ନାଲି
ସକାଳ ସୁରୂଜ
ମୁଁ ଆଣିଥା'ନ୍ତି
ତୋ ପାଇଁ
ପୂରା ଗୋଟେ
ରଙ୍ଗୀନ୍ ସକାଳ
ତୋ ରାସ୍ତାରେ
ବିଛାଇ ଦିଅନ୍ତି
ମାଳମାଳ
ତରାଟ ତମାଳ ।

କିନ୍ତୁ, ତୋ ମାଗୁଣି
ଏମିତିକା ଯେ
ମୋତେ ଫାଡ଼ିଦେବାକୁ ହେବ
ଆକାଶର ଛାତି
ମଧୁମାଳତୀର ପାଖୁଡ଼ାରୁ
ଚୋରାଇବାକୁ ହେବ
ସବୁଜ ସୁଗନ୍ଧ
ରାତିରୁ କାଢ଼ିବାକୁ
ହେବ ସ୍ୱପ୍ନ
ସମୁଦ୍ରରୁ ଅଲଗା
କରିବାକୁ ହେବ
ପାଗଳ ଲହଡ଼ି ।

ଯା କ'ଣ ସମ୍ଭବ ?
ପ୍ରସରି ଯାଇଥିବା
ଅଞ୍ଜଳିକୁ
ଜାକିଜୁକି ନେଇ
ମୁଁ ଚୁପ୍
ଏକଦମ୍ ଚୁପ୍ ।

■

ମହାକାଳର ଶେଷ ଅର୍ଘ୍ୟ

ବିନା ଶଙ୍ଖ ବାଜଣାରେ
ସେ ଏଥର ଆସିଲେ
ନା ଶୁଭୁଥିଲା କେଉଁ
ଆବାହନର ବୀଜମନ୍ତ୍ର
ନା ବିସର୍ଜନ ପାଇଁ
ହିସାବ ହେଉଥିଲା
ତିଥି କି ନକ୍ଷତ୍ର
ସବୁ କିଛି
ବଦଳି ଯାଇଥିଲା
ଅସହାୟ ମନ୍ଦିରରୁ
ଉଭାନ୍ ଥିଲେ
ଆତଙ୍କିତ ଦିଅଁ
ମସ୍‌ଜିଦ୍‌ରେ
ପଢ଼ା ହେଉ ନ ଥିଲା
ନମାଜ୍
ଗୀର୍ଜାଘର ସାଜିଥିଲା
ବାସହରା ମଣିଷର
ବିପୁଳ ଆଶ୍ରୟ ।

ଦୀର୍ଘଶ୍ୱାସ
ଘେରି ବସିଥିଲା
ପୂଜାଥାଳି

ଗହଗହ ଦିଶୁଥିଲା
ହରିଶ୍ଚନ୍ଦ୍ର ଘାଟ
ସୂକ୍ଷ୍ମାତିସୂକ୍ଷ୍ମ ଭୂତାଣୁଟେ
ଆଗୁଳି ଥିଲା
ବିଘ୍ନ ବିନାଶକ ଘଟ
ମଣିଷ ରକ୍ତରେ
ଗାଢ଼ ଦିଶୁଥିଲା ଗେଣ୍ଡୁଫୁଲ
ଗର୍ଭପାତ
କରାଇ ସାରିଥିଲା
ସର୍ବଂସହା ଧରିତ୍ରୀ
ପୂଜା ମଣ୍ଡପ କି ମେଢ଼
ପଞ୍ଚେନ୍ଦ୍ରିୟ କି
ପଞ୍ଚଭୂତ
କିଛି ବି ଖାତିର୍ ନ କରି
ପ୍ରସରୁ ଥିଲା
ମହାମାରୀ
ମୃତ୍ୟୁର ହାହାକାରରେ
ଭିଜୁଥିଲା ପାର୍ବଣ
ମଣିଷର ଆର୍ତ୍ତନାଦରେ
ସଞ୍ଚରୁ ଥିଲା
ମାନବିକତାର ଶଙ୍ଖଧ୍ୱନି ।

■

ସେଇ ଝିଅଟି

ଉଦାସିଆ ସଞ୍ଜବେଳେ
ଫ୍ରକ୍‌ପିନ୍ଧା ଝିଅଟିଏ
ନିତି ଆସି ଠିଆ ହୁଏ
ପୋଖରୀ ଦାଢ଼ରେ
ପାଣି ନବା ବାହାନାରେ
ସମୁଦ୍ରର ଗହୀରରୁ
ନୀଳାଭ ଆକାଶ ଯାଏ
ଇଚ୍ଛା ଓ ଆକାଙ୍କ୍ଷା
ସ୍ୱପ୍ନ କି ସଦିଚ୍ଛା
ଯୋଜନ ଯୋଜନ ବ୍ୟାପୀ
ଆକାଶେ ପହଁରୁ ଥାଏ ।

ଉଦାସିଆ ମୁହଁ ନେଇ
ଝିଅଟିଏ ଠିଆହୁଏ
ସନ୍ତର୍ପଣେ ସଞ୍ଜବେଳେ
ଘର ସାରା
ଯୂଇ ମଲ୍ଲୀ
ହେନା କି ଟଗର
ସପ୍ତବର୍ଣ୍ଣ ତାରାଟିଏ
ଦିକ୍ ଦିକ୍ କରୁଥାଏ
ମେଘଭର୍ତ୍ତି
ବଉଦ ଫାଙ୍କରେ ।

ଛାଡ଼ି ଆସିଥିବା ଜହ୍ନରାତି

ତୁମେ ଏମିତି ଆସୁଥାଅ
ସବୁବେଳେ
ମୋ ରାଗ ଅନୁରାଗରେ
ମୋ ବିଶ୍ୱାସ କି ବେଦନାର
ଦୋ ଛକିରେ
ତୁମେ ଆସୁଥାଅ ସବୁବେଳେ
ଗଡ଼ିଯାଇଥିବା ସମୟକୁ
ପୁଣି ଫେରାଇ ଦେବାର
ପ୍ରତିଶ୍ରୁତିରେ ।

ଅଥଚ, ଏ କେମିତିକା
ନିଃସହାୟ ପଣ !
ତୁମ ପାଇଁ
କବିତାଟେ ଲେଖୁ ଲେଖୁ
ମୁଁ କେମିତି
ଶବ୍ଦହୀନ ହେଇଯାଏ
ସ୍ୱପ୍ନସବୁ ଦେଖିବାର
ମୁହୂର୍ତ୍ତଟା ସରିଗଲା ପରେ
ମୁଁ ତାରାଭର୍ତ୍ତି
ଆକାଶ ପାଲଟିଯାଏ ।

ଏମିତି ବିତୁଥାଏ
ଦିନ ପରେ ଦିନ

ଋତୁ ପରେ ଋତୁ
ଯୁଇ ମଲ୍ଲୀ ହେନାର ଗନ୍ଧରେ
ଆଉ ବାସ୍ନାୟିତ ହୁଏ ନାହିଁ
ଛଳଛଳ ଜହ୍ନରାତି
କୃଷ୍ଣଚୂଡ଼ାର ଲାଲିମାରେ
ଛନ୍ଦାୟିତ ହୁଏ ନାହିଁ
ନିଥର ଆକାଶ
ଶୋଇପଡ଼ିଥିବା ରାଜକୁମାରୀର
କୋମଳ କପାଳେ
କେହି ଆଉ ଛୁଆଁଇ ଦିଏନି
ସୁନାର କାଉଁରୀ କାଠି
ନିଛାଟିଆ ସମୁଦ୍ର କୂଳରେ
ଆସେ ନାହିଁ
ଭଲ ପାଇବାର ବର୍ଷା ରାତି ।

ଅନ୍ତହୀନ ସାଲିସ୍‌ଟେ କରିଦେଇ
ଝଡ଼ ଆଉ ବିଜୁଳି ସାଙ୍ଗରେ
ବାୟା ଚଢ଼େଇଟେ
ବସିଥାଏ ଏକାଏକା
ରଙ୍ଗଛଡ଼ା ବିଜୁଳି ଖୁଣ୍ଟରେ ।

■

ଦେଖାହେଲେ କହିବି ସେ କଥା

ଗହଳିଆ ଝାଉଁବଣ
ପାର ହେଲେ
ନୀଳନୀଳ ଢେଉର ସାଗର
କେମିତିକା ଦିଶୁଥାଏ
ଗୋଟେ ବତୀଘର
ଦେଖାହେଲେ
କହିବି ସେ କଥା
କେମିତିକା ଶାମୁକା ଗର୍ଭରୁ
ବହିଯାଏ ଛଳଛଳ
ମୋତିର ଜୀବନ
ପଳାଶ ଫୁଲର ବାସ୍ନା
ଖେଳୁଥିବ ଗଗନ ପବନ ।

ନିଛାଟିଆ ଖରାବେଳେ
ବହୁଥାଏ ଶୀତଳ ଝରଣା
ମାଟି କଉଡ଼ିରେ ଲେଖା
ଷଠୀଘର ଧୂଳିମାଟି ତଳେ
ପାଦ ଥୋଇ
କିଏ ଜଣେ ଆଙ୍କିଥିବ
କୋକିଗାତ
ଝର୍କା ବାହାରେ ଦେଖ
କେମିତିକା

କୁହ୍ମାଟୁଆ ମାରୁଥିବ
ପ୍ରେମର କୁହାଟ।

ଝଡ଼ଇ ଇଗଲ୍ ବସି
ଧରଣୀରେ ରଚୁଥିବ
ପ୍ରେମର ସାରଣୀ
ପହିଲି ମେଘର ମାଟି
ବାଡ଼ିପଟ ଅଗଣାରେ
ତୁଳସୀ ଚଉରା,
ଦେଖାହେଲେ ବତେଇବି
ରାଜ ଉଆସରେ ଲୁଚି
ରାଜରାଣୀ କେମିତିକା
ମାଗୁଥିବେ ଭିକ
ଭରିବାକୁ କି ମାତ୍ରକ
ପ୍ରେମର ପସରା।
ଯେତେ ଯେତେ
ମିଛ ଅହମିକା
ଦେହରୁ ଆଡ଼େଇ ଦେଇ
ଛଳଛଳ ବହୁଥିବ
ଜୀବନର ସପ୍ତସିନ୍ଧୁ ନଈ,
ନହେଲେ
ଆପଣେଇ ନେଇ ଯେତେ
ତୁଚ୍ଛା ଅଭିମାନ
ଜିଇବାର ବ୍ୟଥା
ମନେ ଅଛି
ଦେଖା ହେଲେ
କହିବି ସେ କଥା।

■

ପୁଣିଥରେ ତାଳପଦେଶ୍ୱରୀ

ଆଜି ପୁଣି ଥରେ ଉଜ୍ଜୀବିତ
ତାଳପଦେଶ୍ୱରୀ ପ୍ରାଙ୍ଗଣରେ
ମୁକ୍ତାକାଶ କବିତା ଆସର
ମୋହରୁ ସମ୍ମୋହ
ପୁଣି ସମ୍ମୋହରୁ
ନିର୍ମୋହରେ
ପହଞ୍ଚିଲା ପରେ
ଆଜି ପୁଣି ଥରେ
ମହାମୋହର ମୁଦ୍ରାରେ
ସେଇ ପରିଚିତ
ବାଣୀବିହାରର ଚଲାପଥ
ପ୍ରେମୀଙ୍କର ଅନ୍ତରଙ୍ଗ ସାକ୍ଷୀ
ହଳଦିଆ କଦମ୍ବ ଗଛର ଫୁଲ,
କେଉଁ ଏକ ଅଜଣା ପ୍ରେମିକ
ନାଆଁରେ ଲେଖା
ମୋ ହାତର ଜଳଛବି
ଯେମିତି
ଇତିହାସ ପୃଷ୍ଠାରେ ଲେଖା
ଛବିଶ ବର୍ଷ ତଳର
ଅଭୁଲା ଅକ୍ଷର ।

ଛବିଶ ବର୍ଷର ଇତିହାସ ତଳେ
ଏବେ ବି ସତେଜ
ଚନ୍ଦନ ସିନ୍ଦୂର ବୋଳା

ତାଳପଦେଶ୍ୱରୀ
ସମୟର ହଜିଲା ପଣରେ
ଏବେ ବି ସାଇତା
ସଞ୍ଜବେଳେ
ମୁଢ଼ି ଆଉ ଚିନାବାଦାମର
ସବୁଜ ବିଭୋର ପଣ
ବର୍ଷସାରା ମସ୍ତୀ କରି
ପରୀକ୍ଷା ଦିନ
ତାଳପଦେଶ୍ୱରୀ ପ୍ରାଙ୍ଗଣରେ
ସନ୍ତର୍ପଣେ
ସାଷ୍ଟାମ ହେବାର ଦିନ।

ଅଦିନିଆ ମେଘକୁ ଚାତକ ପରି
ଅନାଇ ରହିବାର
ଆତୁରତାରୁ ଆହୁରି
ଆତୁର ହେଇ
ଅଣ୍ଡାଳୁଥିବା ଚିଠି ବାକ୍ସ
ବହିର ପରିଧି ଭିତରେ
କେନ୍ଦ୍ର ବିନ୍ଦୁ ସାଜି
ବଞ୍ଚି ରହିବାର
ତତଲା ନିଶ୍ୱାସ,
ଘରକୁ ପର କରି
ପରକୁ ନିଜର କରିଦେଇଥିବା
ମୁକ୍ତ ବିମୁକ୍ତର
ପ୍ରେମ ପ୍ରତିଦାନର
ଦୋସମାଳିରେ ସାଇତା
ମୋ ସ୍ମୃତିର ସହଚର
ଆଜି ପୁଣିଥରେ
ତାଳପଦେଶ୍ୱରୀର
ମଲ୍ଲୀ କନିଅର।

■

ସ୍ୱପ୍ନ କାଶତଣ୍ଡୀ

ସେଦିନ ବି
ଫୁଲ ଫୁଟିପାରେ
ଡହ ଡହ ତାତିକୁ
ବେଖାତିର କରି
ମାଳମାଳ କାଶତଣ୍ଡୀ
ଖେଳୁଥାଏ
ପବନ ଦୋଳିରେ
ମୋ ଗାଁ ନଈପଠା
ରାସ୍ତା କଡ଼
ଶୂନ୍ୟ ପାଲିଙ୍କିରେ
କୋଳାହଳ ଭରିଦେଇ
ଆକାଶ ଛାତିରେ ।

ଲୋଭ ମୋହ
ସଂସାର ଗନ୍ଧରେ
ଜୁଡୁବୁଡୁ ପଥିକ ମୁଁ
ମୋ ଆଞ୍ଜୁଳାରେ
ଭରିବାକୁ ଇଚ୍ଛାହୁଏ
କାଶତଣ୍ଡୀ
ଫୁଲର ମହକ
କାନ୍ଧରୁ ଉତାରି ଦେଇ
ସଂସାର ଯୁଆଳି
ମୁଁ ରଚୁଥା'ନ୍ତି

ବସି ଗୋଟେ
ଫୁଲର ସ୍ତବକ
ସଜାଇ ଦିଅନ୍ତି ମୋର
ବାସର ରାତିକୁ
ନୀଳ ବାଇଗଣି
ଫେଣ୍ଟା ଫେଣ୍ଟି
ରଙ୍ଗ ତୋର
ସ୍ୱପ୍ନର କୁହୁକ ।

ଦେଖା ହେଲେ ପଚାରିବି
ତୁ କେମିତି ସ୍ଥିତପ୍ରଜ୍ଞ
ଯୋଗୀଟିଏ ପରି
ଖେଳିପାରୁ
ନିର୍ବିକାରେ
ଧୂସରିଆ
ମଶାଣି ଦାଢ଼ରେ ?
ଭଲ ପାଇବାର
ରଙ୍ଗ ଯେତେ
ଲିଭିଗଲା ପରେ
କେଉଁଠୁ
ଚୋରାଇ ଆଣୁ
ମିଠା ମିଠା ରଙ୍ଗ
ଖେଳିବାକୁ ଗୋଟାପଣେ
ପବନର
ମୃଦୁ ଇଶାରାରେ ?

ଅସମାହିତ

ଆଉ କାହିଁ କୃଷ୍ଣଚୂଡ଼ା ଦେଖିଲେ
ଝରିପଡ଼େନି
କବିତାର ପଙ୍‌କ୍ତି
ଲାଲ୍ ଗୋଲାପର ଆଭାରେ
ରଚିହୁଏନି ପ୍ରେମର ସ୍ତବକ
ଜାଣେ ନାହିଁ ମୁଁ କେମିତି
ହେଇଯାଏ ଜଟାଜୁଟଧାରୀ
ନିର୍ମୋହୀ ପୁରୁଷ !
କାଲିକୁ ନଥାଏ ମନ
ନଥାଏ ବି ଗଲାକାଲି
ଘଟଣାକୁ ଓଟାରି ବିଦାରି
ବିଦୀର୍ଣ୍ଣ ହେବାର
ନିଃଷ୍ଫଳ ପ୍ରୟାସ ।

ଝରା ଗଙ୍ଗଶିଉଳିର
ଅଧାଦେଖା ସ୍ୱପ୍ନ
ମୋତେ ଆଉ
ଯନ୍ତ୍ରଣା ଦିଏନି
ଶିଶୁର ଦରୋଟି କଥା
ଛିଟ ଛିଟ ପ୍ରଜାପତି ଉଡିବାର
ଗହନ ପୁଲକ
ହିମାଳୟ ଆରୋହଣ କରିବାର
ଆଦ୍ୟ ଅଭିଳାଷା

ଅମାନିଆ ନଈକୂଳ
ଅଦିନିଆ ମେଘ
କିଛି ମୋତେ କାହିଁପାଇଁ
କରେନି ଉଚ୍ଚାଟ।

ମୁଁ ଜାଣେନା
କେମିତିକା ଶୁଖିଗଲା
ଚାଲିବା ରାସ୍ତାରୁ ମୋର
ସବୁଜ କାକର ଘାସ
ମୁଁ କେବେ ଭୁଲିଗଲି
ମୋ ଘରମଣି ହଜିବାର
ଅନ୍ଧାରିଆ ରାତି
ଦଶହରା ଉଜାଣି ରାତିର
ଲକ୍ଷେ କୋଳାହଳ
ହିଡ଼ ଦାଢ଼େ ହଳିଆର
ଆମ୍ବୁଲ ପଖାଳ,
ଶିରିଶିରି ଝାଉଁବଣ
ବାଡ଼ିପଟ ମଶାଣି ଆଲୁଅ
ମୁଁ କେମିତି ଖୋଜୁନାହିଁ,
ଛଳଛଳ ତଟିନୀରୁ
ନିଥର ଟାଙ୍ଗରା ଭୂଇଁ
ମୋ ଶବକୁ ବୋହି ବୋହି
ଏତେ ବାଟ କେମିତି ଆସିଲି
ଜମା ଜାଣିନାହିଁ।

■

ତ୍ରିଶଙ୍କୁର ସ୍ୱର୍ଗ

ସ୍ୱପ୍ନର ଚାଦରରେ ଘୋଡ଼େଇ ହେଇ
ସାରା ସହରଟା ଯେବେ
ନିଦରେ ଘୁମେଇ ଯାଏ
ଦେହରୁ ଅଲଗା ହେଇ
ନିଷ୍ପ୍ରାଣ ଦେହଟେ ମୋର
ନିଛାଟିଆ ଖରାବେଳେ
ପୋଖରୀ ଦାଢ଼ରେ
ଘୂରି ବୁଲୁଥାଏ
କୁଆଁରୀ ଝିଅର
ଆଉଟା ମୁହଁଟେ ପରି
ପୋଖରୀର ନୀଳକଇଁ
କେବେ ପାଣିରେ ଦୋହଲେ
କେବେ ସରମେ
ଝାଉଁଳିଯାଏ ।

ମୁଁ କେବେ ଶୁଣୁଥାଏ
କୋଇଲିର
ପଞ୍ଚମତାନରେ ଗୀତ
ଝଙ୍କାଳିଆ ଆମ୍ବଗଛ
ଶାରୀଟିଏ ହେଉଥିବ
ଉଲ୍ଲାସ ଉଚ୍ଚାଟ
ମାଳମାଳ କାଶତଣ୍ଡୀ

ପୁନେଇଁରେ
ଜହ୍ନର ରୋଷଣୀ
ଦଶହରା ମେଳା ମଉଛବ
ବୋଉ ଖୁଡ଼ୀ
ପୋଛୁଥିବେ ଆଖି
ଝିଅ ବିଦା ହେଲାପରି
ଦେବୀଙ୍କର ହେଉଥିବ
ସଜଳ ଉସାଣୀ ।
ବୋଉ କୁହେ
ଆର ସାହି
ଠୁକୁରୀ ଦେଠେଇ
ବାଢ଼େଇଚି
ଗୋଟେ ଜଖ
ପୁରୁଷ ପୁରୁଷର
ଟଙ୍କା ସୁନା ଜଖ ହେଇ
କୁଆଢ଼େ ଜଗିଥାଏ ଘର
ମୋହ ଛାଡ଼ିଗଲେ
ପ୍ରେତ ଛାଡ଼ିଯାଏ
ଛାଡ଼ିଯାଏ ସୁନାରୂପା
ଅମାପ ଭଣ୍ଡାର ।

କେବେ କେବେ ଲାଗେ
ମୁଁ ପାଲଟିଯାଇଚି
ଗୋଟେ ଜଖ
ଜଗି ବସିଚି
ଗଦା ଗଦା ଫାଇଲ୍
ମୋ ଅଫିସ୍‌ର
କାଗଜ ପତର ।

ମୁଁ ଏମିତି ଜିଇଥାଏ
ନିତି ନିତି ରଚୁଥାଏ
ତ୍ରିଶଙ୍କୁର ସ୍ୱର୍ଗ
ଗୋଟେ ପଟେ
ରଖିଦେଇ
ସୁଖ ଓ ସମ୍ଭୋଗ
ଆର ପଟେ
ଯେତେ ମୋର
ପ୍ରୀତି ଅନୁରାଗ ।

ତଥାପି ମରିନାହିଁ

ମନ୍ଦିରରେ ପଡ଼ିଗଲାଣି ପହଡ଼
ଅଣସର ଘରକୁ ଯାଇ
ଆଉ ଫେରିନାହାନ୍ତି
ଦେଉଳକୁ ଦିଅଁ
ବସୁଧା ଗର୍ଭରେ
ଗଜରୁ ନାହିଁ
ସବୁଜ ଅଙ୍କୁର
ଶୂନ୍ୟରୁ ମହାଶୂନ୍ୟକୁ
ଆଜି ସବୁ
ପାଲଟିଯାଇଛି ଗୋଟେ
ନିଃସ୍ୱ କୋଳାହଳ ।

କେବେଠୁ ନୀରବି ଗଲାଣି
ସାହିନ୍‌ବାଗର
ଅଶାନ୍ତ ବିପ୍ଳବ
ଥଣ୍ଡା ପଡ଼ିଲାଣି
ରାଜ ନେତାଙ୍କର
ବୁକୁଫଟା ବିଦ୍ରୋହ ହୁଙ୍କାର
ମାଆର ଥନରୁ
ଝରୁନାହିଁ ମଧୁର ଅମୃତ
ଆକାଶର ବୁକୁ ଚିରି
ଅଭିଶପ୍ତ ଅପ୍‌ସରାଟେ
ଅହରହ ବଜାଉଚି

ଭୟ ଆଉ ମରଣର
କରୁଣ ସଙ୍ଗୀତ ।
ବଞ୍ଚିବା ତଥାପି ସରିନାହିଁ
ଜୀବନ ଏବେ ବି ମରିନାହିଁ
ମରିନାହିଁ ସଞ୍ଜବେଳେ
ବଗ ବଣି ଶାରୀଙ୍କର
ମଧୁର କାକଳି
ଏବେ ବି ସେମିତି ଅଛି
ତାରାଭର୍ତ୍ତି ଆକାଶର
ଅଗଣିତ ତାରା
ଫୁଲ ଆଉ
ପ୍ରଜାପତିଙ୍କର
ପ୍ରେମର ପସରା ।

ଫେରାଇଦେବି ଉଧାର

ଗାଁ ଟିଏ ଉଧାର ଦେବ
ଛୋଟ ଗାଁଟିଏ
ଫନୀ ଫାଇଲିନ୍‌ରେ
ଉଜୁଡ଼ି ଯାଇଥିବା
ଏନ୍ଦୁଡ଼ିଶାଳ
ଅପରାଜିତାର ରଙ୍ଗରେ
ନୀଳ ପଡ଼ିଥିବା
ବୋଉର ପଣତ
ଝୋଟିଦିଆ ଧାନଖଳା
ଗୋଟେ ଚାନ୍ଦମୁହାଁ
କାଳୀ ଗାଈ
ଆମ୍ବବଣ ଛାଇତଳ
ଘୁମନ୍ତ ବାଟୋଇ।

ଏତେ ତେଣେ
ଲହଡ଼ି ଭାଙ୍ଗୁଥିବା
ବିଶ୍ୱାସର ନଈଧାର
ବଢ଼ିଲା ଝିଅକୁ
ବିଦାଇ ବାହୁନା ଗୀତ
ରଜସଜ ପାନଖିଆ
ପୋଖରୀର
ଦଣ୍ଡିକିରୀ ମାଛ
ପର୍ବତର ଦମ୍ଭ ନେଇ

ଦଉଡୁଥିବା ପୋଲକୁ
ଭାଗଭାଗ କରି
ଟାଣିଦବ ହୁଲିଡଙ୍ଗା

ସାତତାଳ ପାଣିରେ
ଆଠତାଳ ପଙ୍କର
ଅସରନ୍ତି ଗପ
କଳାପାଟ ପିନ୍ଧା
ଗ୍ରାମ ଦେବୀ
ଦୋଳ ଯାତ
ମେଳା ମଉଚ୍ଛବ।

ମିଟ୍‌ମିଟ୍ ଅନ୍ଧାରରେ
ଗୋଲାପୀ କାଳିର
ପ୍ରେମପତ୍ର
ଶୂନ୍‌ଶାନ୍ ଖରାବେଳ
ପାହାନ୍ତିଆ ଆକାଶର
ଉଜ୍ଜ୍ୱଳ ନକ୍ଷତ୍ର
ମୋ ତମାମ୍ ଆୟୁଷ
ତରଳାଇ ଦେଇ
ଗାଁ ଟେ ଉଧାର ଦେବ
ଦିନଟିଏ ପାଇଁ ?

■

ଏକା ଏକା ଜୀବନ

ଏ ପୃଥିବୀ ମୋର ନୁହଁ
ନିତି ନିତି ରାସ୍ତା ସଜ କରି
ଯିଏ ମତେ
ହାତ ଠାରି ଡାକୁଥାଏ
ସେ ବି ମୋର ନୁହଁ
ମହଣ ମହଣ ଏକ୍‌ଲାପଣର
ବୋଝକୁ ସଜିଲ୍ କରି
ମୁଁ ଦଉଡୁଥାଏ
ଘରଠୁ ଦପ୍ତର
ଦପ୍ତରରୁ ଘର
ଶୂନ୍ୟତାର ଫୁଲ ଯେତେ
ଅଞ୍ଜଳିରେ ଭରି ।

ଆଜିକାଲି
ମୋ ଲୁହବୁନ୍ଦା
ଝରିଯାଏ
ସଚରାଚର ବିଶ୍ୱକୁ
ଅଭିଷିକ୍ତ କରି
ମୁଁ ଖୋଜୁଥାଏ
ଝରଝର
କରୁଣା କଳସ
ନିଦାଘର ତାପ ପରେ
ଚାତକଟେ

ବରଷାକୁ
ଅନେଇବା ପରି,

କେବେ ମୋର
ଅବର୍ତ୍ତ ମାନରେ
ମୁଁ ଆସି ଠିଆ ହେବି
ମେଘ ଭର୍ତ୍ତି
ବଉଦ ଉହାଡୁ
ରୂପାଜହ୍ନ
ଝଲସିଲା ପରି।

କେହି ନ ବୁଝନ୍ତୁ
ମୋ ଭାଗ୍ୟର ବିଡ଼ମ୍ବନା
କେହି ନ ହୁଅନ୍ତୁ
ମୋ ଦୁର୍ଦ୍ଦିନର ସାକ୍ଷୀ
ମୁଁ ଥିଲି ରହିଥିବି
ନିତି ନିତି ରାତି ଶେଷେ
ସିନ୍ଦୂରା ଫାଟିଲା ପରି।

■

BLACK EAGLE BOOKS

www.blackeaglebooks.org
info@blackeaglebooks.org

Black Eagle Books, an independent publisher, was founded as a nonprofit organization in April, 2019. It is our mission to connect and engage the Indian diaspora and the world at large with the best of works of world literature published on a collaborative platform, with special emphasis on foregrounding Contemporary Classics and New Writing.

www.ingramcontent.com/pod-product-compliance
Lightning Source LLC
Chambersburg PA
CBHW020538080526
44583CB00013B/896
9781645603108